D1994546

A. M. Celâl Şengör 24 Mart 1955'te İstanbul'da doğdu. 1973 yılında Robert Academy'yi bitirdi. 1978'de State University of New York at Albany'den jeolog olarak mezun oldu. 1979'da master, 1982'de de aynı üniversiteden doktora aldı. 1981'de İTÜ Maden Fakültesi, Genel Jeoloji Kürsüsü'ne asistan oldu. 1984 yılında Londra Jeoloji Cemiyeti'nin "Başkanlık Ödülü"nü. 1986'da TÜBİTAK'ın Bilim Ödülü'nü aldı. Aynı yıl İTÜ Maden Fakültesi Genel Jeoloji Anabilim Dalı'nda doçent oldu. 1988'de Neuchâtel Üniversitesi Fen Fakültesi'nden şeref bilim doktoru (Docteur es Sciences honoris causa) pâyesi aldı. 1990 yılında Academia Europa'ya ilk Türk üye olarak seçildi, aynı yıl Avusturya Jeoloji Servisi muhabir üyesi, 1991 yılında Avusturya Jeoloji Derneği şeref üyesi oldu. 1991 yılında Kültür Bakanlığı'nın Bilgi Çağı Ödülü'nü kazandı. 1992 yılında İTÜ Maden Fakültesi Genel Jeoloji Anabilim Dalı'nda profesörlüğe yükseltildi. 1993 yılında Türkiye Bilimler Akademisi kurucu üyesi oldu, Akademi konseyine seçildi. Aynı yıl TÜBİTAK Bilim Kurulu üyeliğine seçildi. 1994 yılında Rusya Doğa Bilimleri Akademisi üyeliğine, Fransız ve Amerikan jeoloji dernekleri şeref üyeliğine seçildi, ayrıca kendisine Fransız Fizik Cemiyeti ve École Normale Supérieure Vakfı tarafından Rammal Madalyası verildi. Şengör 1997 yılında Fransız Bilimler Akademisi tarafından yerbilimleri dalında büyük ödül (Lutaud Ödülü) ile taltif edildi. 1998 Mayıs ayı içerisinde Şengör, Collège de France'da misafir profesör olarak bir kürsü işgal etti, burada "XIX. yüzyılda tektoniğin gelişmesine Fransız jeologlarının katkısı" konulu bir ders verdi ve 28 Mayıs 1998'de Collège de France'ın madalyasını aldı. 1999'da Londra Jeoloji Cemiyeti kendisine Bigsby Madalyası'nı tevcih etti. 2000 yılının Nisan ayında Amerika Birleşik Devletleri Ulusal Bilimler Akademisi yabancı üyeliğine seçilen ilk Türk oldu. 2004'te American Philosophical Society üyeliğine, 2006'da Rusya Federasyonu Bilimler Akademisi'ne, 2012 yılında da Leopoldina Alman Ulusal Bilimler Akademisine yabancı üye olarak seçildi. 2010 yılında Geologische Vereinigung kendisine Gustav-Steinmann Madalyasını tevcih etti. Şengör, Collège de France dışında İngiltere'de Oxford (Royal Society Araştırıcı bursuyla), ABD'de California Institute of Technology (Moore Distinguished Scholar olarak) ve Avusturya'da Salzburg Lodron-Paris Üniversitesi'nde misafir profesörlük yapmıştır.

Şengör jeolojide bilhassa yapısal jeoloji ve tektonik dallarındaki çalışmaları ile ün yapmıştır. Bu konuda 16 kitap, 235 bilimsel makale, 195 tebliğ özeti ve pek çok popüler bilim makalesi, tarih ve felsefe ile ilgili de iki kitap ve 500'e yakın deneme yayınlamıştır. Şengör ayrıca pek çok uluslararası dergide editör, yardımcı editör ve yayın kurulu üyeliği yapmıştır ve yapmaktadır.

Şengör 1986 yılında Oya Maltepe ile evlenmiştir. Tek çocuğu olan oğlu H. C. Asım Şengör 1989 yılında dünyaya gelmiştir.

ka kitap

Dahi Diktatör

A. M. Celâl Şengör

Ka tarih-3

ISBN 978-605-84888-3-0

Sertifika No: 30862

XVI. Baskı, Ka Kitap, Eylül 2016

Genel Yayın Yönetmeni: Emrah Akkurt

Redaksiyon: Selen Selekler

Kapak Tasarım: Nafiz Oksar / FDA Tasarım

www.fdatasarim.com

Bu kitabın yayın hakları Ka Kitap'a aittir. Her hakkı saklıdır. Tanıtım amaçlı yapılacak alıntılar dışında yayıncının yazılı izni olmaksızın hiçbir yolla çoğaltılamaz.

Baskı: Yıkılmazlar Basın Yayın Prom. ve Kağıt San. Tic. Ltd. Şti.

Evren Mah. Gülbahar Cad. No:62/C Güneşli-Bağcılar/İstanbul

Tel: 0212 515 49 47

Sertifika No: 11965

© Ka Kitap

Atatürk Mah. Sedef Cad. Ataşehir Residence A Blok No:77

Ataşehir, İstanbul

Tel : (216) 304 69 22

www.kakitap.com / ka@kakitap.com

ka tarih

A. M. Celâl Şengör

DAHİ DİKTATÖR

ka kitap

Yaşamını insan özgürlüğünü ve insan haysiyetini korumaya adamış bir kişiyi anlatan bu kitap, insanlık tarihinde ilk defa özgür bir ölümün, esir bir yaşamdan çok daha kıymetli olduğunu bütün insanlığa öğreten üç yüce insanın anısına ithaf olunmuştur. Onlar, Atatürk'le birlikte, tüm özgürlük savaşçılarının ve insan haysiyetinin hamilerinin önderi olmuşlardır:

*Kendi ordusundan üç kat büyük Pers Ordusu'nu perişan ederek Maraton Savaşı'nı kazanan **Atinalı General Miltiades**,*

*Termopil'de binlerce kişilik Pers Ordusu karşısında 300 kahramanı ile birlikte şehit düşen **Sparta Kralı I. Leonidas**,*

*Kendi donanmasından kat kat üstün Pers Donanması'nı Ege'nin sularına gömerek Salamis Savaşı'nı kazanan **Atinalı Amiral Temistokles**.*

İnsanlık, haysiyetini bu üç kahramana ve onlarla omuz omuza savaşan ve sadece mütevazı çiftçilerden, zanaatkarlardan, tüccarlardan oluşan tüm hür vatandaşlarına borçludur.

ÖNSÖZ

ATATÜRK'Ü KONUŞMAK

Bu küçük kitap Emrah Akkurt'un benim Atatürk'e bakışımı kendisine anlatmamı istemesinin bir ürünüdür ve birkaç akşamlık bir sohbetin yazıya dökülmesinden ibarettir. Ben tarihçi değilim. Atatürk üzerine yaptığım tek inceleme de kendisinin yöntemini merak etmem neticesinde ortaya koyduğum küçük bir çalışmadır. Bu çalışma, 26. Hava Kuvvetleri Komutanımız, Hv. Org. Sayın Faruk Cömert'in bir emri üzerine Hava Harp Okulu'nda verdiğim bir açılış dersinin genişletilmiş bir metni olarak hem Hava Harp Okulu tarafından küçük bir kitapçık olarak basılmış hem de daha sonra *Hava Kuvvetleri Dergisi*'nin bir eki olarak yayınlanmıştır. Bu metin ayrıca İş Bankası Kültür Yayınları tarafından basılan *Bilgiyle Sohbet* başlıklı kitabıma da alınmış[1], aynı zamanda bu kitabın da ilk bölümünü oluşturmuştur.

Ben bütün dünyanın aklı başında ve bilgili insanlarının paylaştığı bir görüşe katılanlardanım: Atatürk bir dâhiydi ve bu dâhînin yaptıklarının genel bilânçosu hem kendi milleti hem de insanlık açısından çok olumludur. Aklı başında hiç kimsenin zaten bu konuda bir şüphesi yok. Üzerinde tartışılan mevzu Atatürk'ün diktatör olup olmadığıdır. Bence Atatürk, ilk ve kanımca en başarılı biyograflarından Harold Courtenay Armstrong'un (1892-1943) 1932 yılında yayınladığı *Grey Wolf Mustafa Kemal—An Intimate Study of a Dictator* (Bozkurt Mustafa Kemal—Bir Diktatörün İçten Bir İncelenmesi: Arthur Barker Ltd., Londra, 352 s.) kitabının başlığında da belirttiği gibi, bal gibi bir diktatördü[2], ama

1 2005, *Bilim Adamı Olarak Atatürk:* Hava Harp Okulu, [İstanbul], 26 s; 2006 Bilim Adamı Olarak Atatürk: *Hava Kuvvetleri Dergisi* Ek, Şubat, 16 s 2014, *Bilgiyle Sohbet*—Popüler Bilim Yazıları: İş Bankası Kültür yayınları, 772 pp.

2 Yaygın anlatılan bir hikâye, Atatürk'ün, bu kitabın Türkiye'de çevresindekilerce yasaklanmasına gösterdiği tepki ile ilgilidir. "Niçin yasaklıyorsunuz? Adam eksik bile anlatmış. Keşke yine gelse de ben bazı eklemeler yapabilsem". Armstrong'un kitabında yaptığı önemli vurgulardan biri, Atatürk'ün başarılarının çevresindekiler sayesinde olmaktan çok, onlara rağmen meydana geldiğidir. Bu durum, kitabın Atatürk'ün cumhurbaşkanlığı dönemindeki hükûmetler tarafından niçin yasaklandığını gösterir:

bir zorba değildi. Maalesef memleketimizde bu iki kavram sıklıkla birbirine karıştırılır. Bununla birlikte onu tarihteki resmî ünvanlı ilk diktatör[3] Gaius Julius Caesar'dan (MÖ 100-44) beri tarihteki ekseri diğer diktatörlerden ayıran önemli bir özelliği vardı: Tüm düşüncelerini milletini temsil eden meclise öyle veya böyle kabul ettirdikten sonra uygulaması. Atatürk'ün meclisi sadece iki defa tehdit ettiği söylenir: Birincisi, Büyük Taarruz'dan evvel başkumandanlık görüşmeleri sürerken. Bu tehdidi de şu sözlerden ibarettir: "Orduyu başsız bırakmadım, bırakmıyorum, bırakmayacağım." O zaman ülkenin içinde bulunduğu nazik durum ve meclisin takındığı tutum düşünülürse bu ifadeyi mazur görmek kolaydır. Diğeri de hilâfetin saltanattan ayrılması tartışmaları sürerken söylediği: "Bu iş olacaktır. Ama bu arada bazı kafalar da kopabilir" sözleridir. Bu, aslında dinsel anlamda dogmatik (yani dinin kuralları gereği) ve tarihsel kökleri olmayan bir birliktelik hakkında ülkenin kritik günlerinde yapılan sonu gelmeyen bilgisiz ve akılsız tartışmalar karşısındaki isyanını dile getirir. Samsun'a çıktığı 19 Mayıs 1919 gününü Türkiye'nin kaderini eline aldığı tarih olarak kabul edersek, ülkenin yönetiminin cansız parmaklarından kaydığı 10 Kasım 1938'e kadar 19 senede Atatürk hiçbir kararını altında milletin temsilcilerinin imzalarının da olmadığı bir bildiriyle ne milletine ne de dünyaya tebliğ etmiş veya uygulamaya koymuştur.

Milletinin temsilcilerine kararlarını kabul ettirme yolları çok çeşitli şekiller almıştır: Bazen onları bezdirene, yorana kadar meclisi çalıştırmış sonunda oylarını alıp onları dinlenmeye göndermiş, kendisi de hemen alınan kararları uygulamaya koymuştur. Bazen verilen oyları saydırmadan "Oy birliği ile kabul edildi" dedirtivermiştir. Ama bu kararlara daha sonra itiraz eden

Armstrong'un yer yer pek acımasızca (ama bence çok haklı olarak) eleştirdiği pek çok kişi, o hükûmetlerin başbakanları, bakanlarıydılar. Atatürk, ülkeyi yönetmek için ihtiyacı olan kişileri kırmamak için tasvib etmediği bu yasağa katlanmıştır.

3 *Dictator* Roma Cumhuriyeti Senatosu'nun olağandışı haller için tek bir seçilmiş memuruna (*magistratus extraordinarius*) tanıdığı mutlakî yönetim hakkını temsil eden ünvanın adıydı. Bu ünvanın olumsuz bir çağrışım yapması da 20. yüzyılın marifetidir. Tersi bir örnek 19. yüzyıldan verilebilir: İtalyan birliğini kuranlardan Giuseppe Garibaldi (1807-1882) Sicilya ve Napoli'yi Fransız hegemonyasından kurtarmak için 1860'da başlattığı *Spedizione dei Mille* (Binlerin Seferi) esnasında halkının da coşkulu desteği ile kendisini 14 Mayıs'ta Sicilya'nın diktatörü ilân etmişti. Atatürk'ün diktatörlüğü de doğası gereği Garibaldi'ninkine benzer (gerçi Atatürk böyle bir ünvanı hiçbir zaman kullanmamıştır). İlginç bir diğer benzerlik de, Garibaldi'nin 11 Mayıs 1860'da Marsala'ya çıkmasıyla, Atatürk'ün 19 Mayıs 1919'da Samsun'a çıkması arasında kurulabilir.

çıkmamıştır. Her kararın altında öyle veya böyle milletin temsilcilerinin imzaları vardır. Atatürk buna büyük önem vermiştir: Kurtuluş Savaşının en tedirgin günlerinde, bazen milletin temsilcilerinin tehlikeyi göremeden veya görmelerine rağmen karar alınmasını güçleştirdikleri, yani ülkeyi ve milleti tehlikeye attıkları dönemlerde, silâh arkadaşlarının bazılarının meclisten kurtulma yönünde yaptıkları tekliflere asla iltifat etmemiş, her seferinde "meşruiyetten ayrılamayız" demiştir.

Peki dikta bunun neresindedir? Bunun için Agatha Christie'nin (1890-1976) polisiye romanlarının meşhur detektifi Hercule Poirot'nun son macerası olan *Curtain! Poirot's Last Case* (Perde! Poirot'nun Son İşi: Collins Crime Club tarafından yapılan ilk baskı, 1975) adlı romanından benzetmeler yapayım: Poirot kaldığı otelde işlenen cinayetleri işleyenlerin muhtelif olduğuna, ama tüm cinayetlerin aynı hedefe yönelik işlendiğine bakarak bunların arkasında tek bir sorumlunun olduğunu düşünmektedir. Sonunda, bunları işleyenlerin tek bir kişi tarafından bu cürümleri işlemeye ikna edildiklerini keşfeder. Dikkat buyurunuz: Azmettirildiklerine demiyorum; ikna edildiklerine diyorum. Bu durumda cinayetlerin kaynağını bildiği halde gerçek fâili tevkif ederek adalete teslim etmesi imkânsız hale gelmektedir. Sonunda, ölümcül bir hastalığın pençesinde tekerlekli iskemleye mahkûm olmuş olan Poirot kararını verir ve adamı kendisi öldürerek ömrü boyu mücadele etmiş olduğu bir suçu işler. Burada iki benzetme yapmak istiyorum: Birincisi cinayetleri işlemek isteyen adamın bunu kendisi yapmayarak başkalarını ikna ederek yaptırtmasıdır. Bu ikna etme işi, Atatürk'ün yöntemidir, ama Atatürk bu yöntemi iyi işlerde kullanmıştır. Diğer bir benzetme de, bu mükemmel suça (yani cezalandırılması mümkün olmayana) karşı Poirot'nun sonunda, sürekli insan öldüren bir katili ortadan kaldırmak gibi olumlu bir amaçla, toplumun tasvip etmediği bir yöntem kullanmaya, yani suç işlemeye kendisini mecbur hissetmiş olmasıdır. Burada da Atatürk, kendisinin doğru bildiği şeyleri topluma rağmen yapmak zorunda kaldığı için Poirot gibi davranmıştır: Normal şartlarda belki kabul görmeyecek ikna yöntemleri kullanmıştır.

Atatürk'ün yaptıkları tarih mahkemesi önünde yargılanmış ve kendisi tüm uygar insanlığın alkışlarını almıştır. Bugün hür ve refah bir ülkede yaşıyorsak bu onun eseridir. Atatürk, özgürlüğü öğretebilmek, topluma yayabilmek için bir süre diktatörlük yapmıştır. Bunu çocuk yetiştiren ebeveynin çocuklarına yaptığı muameleye benzetebiliriz. Ebeveyn veya veliler, çocuklar belli bir akılcı muhakeme düzeyine erişmeden (ki tıbben bunun aşağı yukarı 18 yaşında tamamlandığı sanılmaktadır) ve belli bir bilgi deposunu oluşturmadan, onlar adına karar alır.

Her toplumun tam bir bilgi hazinesiyle mücehhez olarak tamamen akılcı davranacağını düşünmek büyük ölçüde 20. yüzyılın bir modasıdır ve ilk kez 1906 yılında Amerika'nın ilk sosyoloji profesörü William Graham Sumner (1840-1910) tarafından *Folkways* (*Halk Yolları*) adlı meşhur kitabında dile getirilmiştir. Batı uygarlığının kapsadığı toplumlar dışında hiçbir araştırma yapmamış olan Sumner, her toplumun kendi içinden yargılanması gerektiğini iddia ederek, dış kıstaslarla toplumların konumlarını belirlemenin yanlış olacağını öne sürmüştür. Modern bilimsel dilde buna *rölativizm*, yani bağılcılık denmektedir. Sumner, yönetimlerce halklara empoze edilen reformlara da karşıydı. Bu fikirlerin kökleri, ta Jean-Jacques Rousseau'nun (1712-1778) "asil yabani" düşüncesine kadar inmekle beraber, 20. yüzyılda Amerikan antropolojisinin babası denilen Alman kökenli Amerikalı antropolog Franz Boas (1858-1942) ve onun şöhretli Amerikalı öğrencisi Margaret Mead (1901-1978) tarafından geniş bir kesime öğretilmiştir. Aslında bu fikirlerin ne kadar yanlış olduğu konusunda son zamanlarda gerek sosyoloji gerekse de sosyal antropoloji içinden ciddî sesler yükselmeye başlamıştır.[4] Bu itirazların en derli toplu sunulduğu eser yine bir Amerikalı'ya ait olup, Los Angeles'deki Kaliforniya Üniversitesi'nin (UCLA) antropoloji ve toplumsal psikoloji profesörü Robert B. Edgerton'a ait olan *Sick Societies* (*Hasta Toplumlar*: 1982, Free Press, New York) adlı önemli kitaptır.

4 Yeni Zelandalı sosyal antropolog Derek Freeman (1916-2001), 1983'te yayınladığı *Margaret Mead and Samoa* adlı kitabında, Mead'in 1928'de yayımlanmış meşhur ve etkili eseri *Coming of Age in Samoa*'da (*Samoa'da Ergenliğe Erişmek*) kullandığı bilgileri kendisine veren Samoa'lı genç kızların Mead ile dalga geçtiklerini ve kendisine gerçekle alâkası olmayan bilgiler verdiklerini belgelemiş, Mead'in gidip yerliler arasında yaşamak yerine Samoa'da bir Amerikan üssü içinde oturarak genç yerli muhbirlerle yetinmiş olmasını eleştirmiştir. Böylece rölativist Amerikan sosyolojisi ve sosyal antropolojisinin temel eserlerinden birinin tamamen temelsiz olduğu ortaya çıkmıştır.

Daha onsekizinci yüzyılda yapılan coğrafî keşif gezileri sayesinde, bazı toplumların fikirsel ve hissî gelişmelerinin diğerleri kadar olmadığı açıklık kazanmıştı. Meselâ Kaptan James Cook (1728-1779), Büyük Okyanus adalarının birindeyken gemisine misafir gelen bir yerli kralının, un çuvalı taşıyan tayfaların elinden çuvalın kazayla düşerek patlaması sonucunda elbisesinin kirlendiğini görmesiyle hıçkırarak ağlamaya başlaması, elbisesi temizlenince de sanki hiçbir şey olmamış gibi diplomatik ziyaretine devam etmesi karşısında hayrete düşmüş, bu insanların gelişim düzeylerinin bir çocuğunki kadar olduğunu düşünmüştü. 1982 yılında yayımlanan kitabında Profesör Edgerton'un bütün dünyadan derlediği örneklerle vardığı sonuç, Cook'unkinin aynıdır. Bazı toplumlar gelişme basamaklarında geridir; bazıları ise ileri. "Bunu kabul etmemek, geri toplumları gerida kalmaya mahkûm etmek demektir," diyor Edgerton.

Atatürk de kendi toplumunun geri, hattâ hasta olduğu kanaatindeydi. Ahmet Hâşim'in pek çok yazımda atıf yaptığım 1919 tarihli bir mektubunu okuyanlar, Atatürk'e hak vermeden edemezler. Bu mektubu bu önsöz içinde, mümkün olduğu kadar çok kişinin okumuş olması için, tekrar yayınlıyorum. Unutmayın, bu mektup yazıldığı zaman ortada ne Atatürk'ün fikirleri, ne de icraatı vardı henüz:

> *"Ankara'da Almanya İmparatoru'nun Anadolu hastalıklarını incelemek üzere gönderdiği bir tıp heyetinin bazı büyük rütbeli üyeleriyle görüştüm ... Anlamışlar ki, Anadolu Türkleri'nin karınları kurtlarla yüklü ve kanları bu kurtların salgıladığı parazitlerle dolu bulunuyor. Cinsi yakın bir yok olma ile tehdit eden bu halin sebebi nedir bilir misin? Beslenme eksikliği. Her ne kadar garip görünse de Anadolu Türkleri henüz ekmek yapımından bile habersizdirler. Yedikleri mayasız bir yufkadır ki, ne olduğunu yiyenlerin midesine bir sormalı! ... İstisnasız nakil vasıtaları olan kağnı hiç şüphe yok ki taş devri keşiflerinden ve âletlerindendir. Kağnı bir araba değil, fakat hayvana yapışıp ... onun kanını ve canını emen bir canavardır! ... Evlerine gelince, onlar da öyle: Duvarlar yontulmamış alelâde taşların, çalı çırpının, leylek yuvasında olduğu gibi gelişigüzel dizilmesinden hasıl olmuştur. Anadolu külliyen temizlikten mahrumdur. Sakallı Celâl'in dediği gibi, en nefis icatları olan yoğurt bile pislik mahsûlünden başka birşey değildir. ...Anadolu hemen baştan başa frengilidir. Anadolulularin güzelliği de bozulmuştur. Bir köy, bir kasaba veya bir şehrin kalabalığına bakılsa, topluca o kadar topal ve topalların o kadar muhtelif*

çeşidi görülür ki insan kendini eşyanın şeklini bozan dışbükey bir camla etrafa bakıyorum sanır"[5]

Bu mektupta yazılanlar Bağdat doğumlu bir şairimizin kaleminden çıkmıştır. Hâşim, Galatasaray'da okumuş, İzmir'de öğretmenlik yapmış, Düyûn-u Umumiye'de çalışarak devletinin mâlî sefaletini yakından tanımış, Birinci Dünya Savaşı'ndaki askerliği esnasında ise Anadolu'yu gezmiştir. Daha sonra Osmanlı Bankası'nda çalışan şâir, tedavi için Frankfurt'a gittiğinde Avrupa'yı da yakından tanımış, bu konuda ölümünden bir yıl önce bir de *Frankfurt Seyahatnamesi* başlıklı bir kitap yazmıştır. Yani, Hâşim'in gözlemleri bilgili ve akıllı bir adamın gözlemleridir.

Bu gözlemlerin ortaya serdiği ise taş devrinde kalmış, daha doğrusu, o düzeye itilmiş bir toplumdur. Gerçi böyle gözlemleri yapan tek Osmanlı Hâşim değildi. Osmanlı'nın son ikiyüz yılı içinde buna benzer gözlemler ve fikirler pek çokları tarafından, hattâ bizzat III. Mustafa, III. Selim ve II. Mahmud gibi padişahlarca bile dile getirilmiştir. Bunu inkâr eden tarih cahilidir veya kötü niyetlidir. Bugün Atatürk'ün yaptıklarından ziyade yöntemlerine tevcih edilen eleştirilerin büyük çoğunluğu, Atatürk'ün içinde faaliyet gösterdiği zamanın şartları dikkate alınmadan yapılmış boş eleştirilerdir; çoğu, Uğur Mumcu merhumun ifadesiyle, bilgisi olmadan fikir üretmeye kalkanların söyledikleridir. Bu eleştiriler genellikle belirli fikirleri hiçbir eleştiriye tâbi tutmadan kabul eden yobazlar tarafından yapılmaktadır. Bunların temsilcileri, politik yelpazenin en sağından en soluna kadar saçıldıkları gibi, sosyal disiplinler içinde bilim yaptıklarını sananlar arasından da çıkmaktadırlar. Ancak sosyal disiplinler içindeki bu hastalık, yukarıda Sumner, Boas, Mead gibi örneklerle altını çizdiğim gibi, ülkemize has değildir.

Bu kitapta dile gelenler özel bir incelemenin değil, altmış yıllık bir ömür boyu okunanların, duyulanların, görülenlerin bir sohbette dile gelen bir sentezi, bir özetidir. Burada anlatılan sahneler hafızamdan derlediklerimdir. Bunlarda şöyle yanılmalar

---

5 Ahmet Haşim'in Saruhan milletvekili, Cumhuriyet döneminde de Demokrat Parti'nin kurucularından ve ilk Millî Savunma Bakanı Refik Şevket İnce'ye (1885-1955) yazdığı 3 Eylül 1919 tarihli mektuptan: O. Karaveli, *Sakallı Celâl*, 5. baskı, 2004, Pergamon Yayınları, s. 45-46. İnce daha sonra Demokrat Parti yönetimiyle ters düşünce bakanlıktan ayrılmış, Meclis Başkanı olmuştur.

olabilir: Yazılı olarak ifade edilmiş bir düşünceyi, sözlü olarak ifade edilmiş gibi anlatmış olabilirim; veya bunun tersi olmuş olabilir. Atatürk'ün bazı sözleri hafızadan nakledildikleri için mealen ifade edilmişlerdir. Müşkülpesent okuyucunun bunlara takılmadan kitabı okumasını bilhassa istirham ederim. Burada bizi ilgilendiren fikirlerdir. Kitabın amacı da Atatürk'ün milletimizi uygarlaştırmak, refaha kavuşturmak, dünyada saygınlaştırmak gibi asil ideallerini halkıma hatırlatmaktan ibarettir. Onu eleştiren, hattâ ona hakaret edenlerin, bizleri bütün dünyanın gözünde ve kendi içimizde ne hale düşürdüklerini içeride ve dışarıda aklı başında her insan görmektedir. Umarım bu düşüş ciddî bir kırıma sebebiyet vermeden yakınlarda bir gün nihayet durur ve gene tırmanışa geçebiliriz ulusça.

A. M. Celal Şengör
Anadoluhisarı, 23 Ekim 2014

Atatürk'ün Yöntemi

Giriş

Tüm zamanların en büyük asker ve devlet adamlarından biri olarak addedilen Gazi Mustafa Kemal Atatürk (1881-1938) başarıları nedeniyle mucizevî işler yapmış bir dehâ olarak yorumlanagelmiştir. Atatürk'ün dehâsından bugüne kadar dost veya düşman kuşku duyan olmamıştır. Ancak yaptığı işler muhakkak ki mucize değildir; yani doğa üstü güçler yardımıyla başarılmamıştır. Gerçi dostları tarafından "Allah'ın bir lûtfu", düşmanları tarafından da "deccal" olarak betimlenmişse de, bilimsel bir akıl ne birinci ne de ikinci yorumu ciddiye alabilir. Dâhi Atatürk, dehâsını belli bir yöntem izleyerek kullanmış ve başarıya ulaşmış, üstün yetenekli bir insandır. Ulaştığı başarı o denli büyük ve o denli çarpıcıdır ki, bu başarının nedenleri felsefî, psikolojik ve sosyolojik açılardan çok cazip inceleme konuları oluşturmaktadırlar.

Atatürk'ün başarısının kendisiyle ilgili iki temel bileşeni vardır: *Dehâsı* ve o dehâyı verimli kullanmasına izin veren *yöntemi*. Dehâ, biyoloji ve onun alt dalları olan tıpla psikolojinin konusudur ve incelenmesi Atatürk'ün şahsını aşan genel bir problem oluşturur. Atatürk'e dehâsını verimli kullanma imkânını veren yöntemi ise doğrudan Atatürk'ün şahsı ile ilgilidir ki, burada ele almak ve çözmek istediğim sorun tamamen onun yöntemiyle ilgilidir. Bir diğer deyişle, bu yazı, Atatürk'ün başarılarının nedenlerini felsefî, özellikle bilgibilimsel (epistemolojik) açıdan irdelemek amacıyla planlanmıştır.

İleri Sürülen Tez

İleri sürdüğüm tez, Atatürk'ün "yurdu düşmanlardan kurtarmak ve ulusu çağdaş uygarlık düzeyinin üzerine çıkarmak" şeklinde özetlenebilecek olan sorunu veya sorunlar yumağını çözerken kullandığı yöntemin, özellikle doğa bilimlerinde çok yaygın olarak kullanılan ve bilimsel ifadesini, ilk kez gelmiş geçmiş en büyük bilim filozofu addedilen Viyanalı Karl Raimund

Popper'in (1902-1994) 1933 ve 1935 yıllarında yaptığı iki önemli yayında[1] (yani Atatürk'ün işlerini yapıp neredeyse bitirmiş olduğu yıllarda) bulmuş olan "eleştirel akılcılık" ("kritischer Rationalismus=critical rationalism") olduğudur.

Eleştirel akılcılık, sorun çözmek için varsayım önermek ve önerilen varsayımları gözlem raporlarıyla kontrol ederek, gözlemle çelişenleri, bir diğer deyişle "yanlışlanmış" olanları elemek olarak ifade edilebilir. Bilim tarihine baktığımızda, "bilim" olarak tanıyabileceğimiz en erken insan faaliyetinin dahi bu temel yöntemi kullanmış olduğunu görürüz. Bu ilk "bilim" bugün Anadolu toprakları içinde olan Milet şehir devletinde Thales (olgunluğu MÖ 575) ve Anaksimandros (olgunluğu MÖ 560) adlı iki düşünür tarafından MÖ 6. yy'da yaratılmıştır. Daha sonra bilimin tarih boyunca büyük başarısını açıklamak için pek çok tez ileri sürülmüş, pek çok "bilim felsefesi" yapılmıştır. Ancak bilimin karakterini en iyi dile getiren, Kari Popper'in "eleştirel akılcılık" yorumu olmuştur. Bunda Albert Einstein (1879-1955) gibi fizikçiler, Sir Peter Medawar (1915-1987) ve Jacques Monod (1910-1976) gibi Nobel ödüllü yaşam bilimciler dahil hemen hemen tüm bilim insanları hemfikirdirler.

Bilim ve Bilimsel Düşüncenin Eleştirel Akılcı Karakteri

Atatürk'ün kullandığı yöntem eleştirel akılcılıksa, bilimsel bir yöntem demektir ve bu yöntemi kullanan kişi de bu nedenle bir bilim insanı addedilir. Tartışmamıza temel olan kavram bilim olduğuna göre öncelikle bunun bir tanımını vermemiz yararlı olacaktır. Bunun için Popper'in 1935'te yayımlanmış olan *Logik der Forschung* (*Bilimsel Araştırmanın Mantığı*) adlı eserinden beri pek çok yayınında verdiği bilim tanımını kullanacağım:

> *Bilim, içerdiği ifadeler, gözlem raporlarını oluşturan ifadelerle yanlışlanabilecek düşünce sistemlerinin tamamına verilen addır.*

Dikkat edilirse burada verilen tanım ışığında bilimin içerdiği ifadelerin "doğruluğu" veya "yanlışlığı" değil, ilkede insanlar tarafından yanlış olduğunun görülebilir olması, yani "yanlışlanabilir olması" önemlidir. Mesela, "dünya bir tepsi gibi düzdür" ifadesi tamamen bilimsel bir ifadedir, çünkü gözlemle bunun yanlışlığını ispat etmek çok kolaydır. Benzer bir şekilde "tüm kuğular beyazdır" cümlesi bilimsel bir varsayımı dile getirir. Bu varsayım rengi beyaz olmayan bir kuğu bulunana kadar geçerlidir. (Filhakika siyah kuğular batı Avustralya'daki "Black Swan", yani Siyah Kuğu nehrinde bulunmuşlardır.) "Kâinat sonsuzdur" ifadesi de bilimseldir, zira içinde yaşadığımız evrenin bir şekilde sınırlı olduğunu keşfettiğimiz gün "kâinat sonsuzdur" ifadesini yanlışlamış oluruz. Genel ifadeler, doğaları gereği, doğrulanamazlar. Örneğin, "bütün kuğular beyazdır" ifadesi mevcut bütün kuğular (şimdikiler, geçmişte olmuş olanlar...) tek tek görülmeden doğrulanamaz, ki bu da mümkün değildir. Ama beyaz olmayan tek bir kuğu, "bütün kuğular beyazdır" ifadesinin yanlış olduğunu bize derhal gösterir. Genel ifadelerin doğrulanması ve yanlışlanması arasındaki bu asimetri çok önemlidir. Doğada bizler nelerin doğru olduğundan ziyade hangi fikirlerin yanlış olduğunu bilebiliriz. Bu da bize yanlış fikirleri derhal eleyerek gerçeğe yaklaşma imkânı verir.

Ama "biyolojik evrim akıllı bir tasarımcının eseridir" ifadesi bilimsel bir ifade değildir. Çünkü, (Mesela 19. Yüzyıl'ın ortalarında doğal seçme kuramını geliştirmiş olan Charles Darwin'in ve Alfred Russel Wallace'ın yaptıkları gibi) evrimin ne kadar kendi başına gelişen bir süreç olduğunu gösterirsek gösterelim, "ama tüm bunlar bir tasarımcının işidir" ifadesini gözlemle yanlışlamak mümkün değildir, zira her tesadüf bir tasarımcının eseri olarak yorumlanabilir. Bir diğer ifadeyle, akıllı bir tasarımcının evrim süreçlerini yönettiği ifadesini, böyle bir tasarımcının hiçbir izi olmasa bile, bilimsel yöntemlerle yanlışlayabilmemiz mümkün değildir.

Yukarıda sunulan irdelemeden edinilen çok önemli sonuç, bilim dışı ifadelerin gerçeğe uyup uymadıklarının kontrolüne imkân olmadığının görülmesidir. Örneğin "akıllı tasarımcı" teziyle, peri masallarının veya aldığı esrar etkisiyle hayâller gören bir müptelânın sayıklamalarının doğruluk dereceleri arasında hiçbir fark yoktur, zira ne biri ne de diğeri gözlemle yanlışlanabilir. Hiç kimse geçmişte filleri kaldırabilen Zümrüd-ü Anka kuşunun yaşamadığını ispat edemeyeceği gibi, Hasan Sabbah'ın katil müritlerine afyon içirterek "gösterdiği" cennetlerin olmadığını da belgeleyemez.

Atatürk, öncelikle, bilimin tezlerinin bireylerin keyfinden bağımsız olarak kontrol edilebilme özelliklerinin, onların günlük hayatta en nesnel, en doğru kılavuz olarak kabul edilmelerini gerektirdiğini görmüştür. Dikkat edilirse, Atatürk "Hayatta en hakikî mürşit ilimdir, fendir" demektedir; "Hayatta tek hakikî mürşit ilimdir fendir" dememektedir. Buradan, Atatürk'ün bilimin hakikati tamamen bulmuş olduğunu sanmasa bile ona en çok yaklaşabilme potansiyelini içeren bir kılavuz olduğunu idrak ettiğini görüyoruz. Bu nedenle Atatürk bilim dışı, yani kontrolüne imkân olmayan tüm diğer yollara sapmayı, pek haklı olarak gaflet ve dalâlet, yani aymazlık ve sapkınlık olarak nitelemiştir (Samsun öğretmenleriyle yaptığı konuşma, 22 Eylül 1924).[2]

Şimdi düşünce tarihine kısaca bir göz atarak, insanlık geçmişinde bilgi edinme ve bilgi ışığında sorun çözme işlevlerinin nasıl değerlendirildiğine bir bakalım. Bu, bizlere Atatürk'ün yönteminin özgünlüğü ve önemi hakkında ciddi ipuçları verecektir.

Tarih Boyunca Bilgi ve Bilim

Bilim bir bilgi yaratma ve edinme faaliyeti olduğuna göre, bilginin ne olduğu konusunda anlaşmamız gerekmektedir. Aslında iki türlü "bilgi" kavramı vardır: *İdeal* ve *gerçekçi* bilgi kavramları.

İdeal bilgi kavramı:

> *Bilgi, herhangi bir nesne ve/veya sürecin tüm özelliklerinin kodlanmış halidir.*

Burada kodlanmadan kasıt, özellikleri ifadede kullanılan araçtır. Bu herhangi bir dil veya mesela, bir matematik işlemler kümesi veya herhangi bir semboller grubu olabilir. Amaç, bahis konusu özellikleri başkalarına nesne veya sürecin kendisini göstermek zorunda kalmadan "anlatabilmektir." Tüm bu araçlar temelde "lisanı" oluştururlar.

Ancak ideal bilgi kavramı gerçekleştirilemez bir ideali dile getirmektedir, zira hiç kimse, hiçbir şeyin her şeyini "öğrenip" kodlayamaz. Elinizdeki kurşun kalemi düşününüz: Hangi "öğrenilebilecek" öğeleri içermektedir? Şekli, rengi, bileşimi, amacı, kimin onu yaptığı, yapıldıktan bu yana başına neler geldiği, nerelerden geçtiği, renginin nedeni, içindeki atom sayısı, fiziksel özellikleri, elektronlarının konum ve hızları... Bu liste sonsuza kadar gider. Zaten bu kadar uzun bir liste kimseyi ilgilendirmez de. Hiçbirimiz hiçbir şey hakkında sonsuz soru listeleri hazırlayamayız; hazırlamak gerek ve arzusunu da duymayız. Her soru soranın zihninde aslında, o sorunun bir amacı vardır ki; bu da daha önce edinilmiş bazı bilgilerin varlığına işaret eder. Örneğin kurşun kalemin içindeki grafitin sertliğini kırtasiyeciye sorabiliriz, zira mimarî şekil çizmek, yazı yazmak vb. farklı amaçlar için değişik grafit sertliklerine ihtiyaç vardır. Grafit sertliği hakkında kırtasiyeciye soru sormamız, bizim bu bilgileri önceden bildiğimizin işaretidir.

Demek ki, bilim hakkında konuşabilmek için "ideal bilgi" kavramına değil, gerçekçi bir bilgi kavramına ihtiyacımız vardır.

Gerçekçi bilgi kavramı şöyle dile getirilebilir:

Bilgi, herhangi bir nesne ve/veya sürecin gözlemcinin ilgisini çeken özellikleri arasında ulaşılabilir olanlardan kodlanabilenlerin tamamıdır.

Yukarıdaki tanımda her şeyden önce bilginin onunla ilgilenen bireyin ilgisini çeken özelliklerden derleneceği fikri vardır. Ancak ilgimizi çeken her şeye de ulaşamayabiliriz. Örneğin bir elektronun hızını ve yerini aynı zamanda bilebilmeyi çok arzularız, zira böyle bir bilgi, evrenin çok önemli sırlarına ulaşmamızı sağlayabilir. Ama Werner Heisenberg'in (1901-1976) 1925 yılında yayımlanan belirsizlik ilkesinden bilmekteyiz ki, böyle bir bilgiye ulaşmamız mümkün değildir. Dolayısıyla gerçekçi bilginin nesne ve/veya süreçlerin yalnız gözlemcinin ilgisini çeken özelliklerinden değil, bunlar arasında onun ulaşabileceklerinden oluşabileceğini bilmemiz gerekir.

Ancak her ulaştığımız bilgiyi kodlayamayabiliriz. Mesela büyük Alman astronomu Johannes Kepler (1571-1630), Isaac Newton'un bilgilerinin çoğuna sahip olduğu halde onları tamamen kodlamak için gerekli diferansiyel ve integral hesabı bilmediğinden Newton'un keşfettiklerini keşfedemedi, yani bilgisi Newton'unkinden eksik kaldı.

Demek ki bizzat bilgi kavramı, bilinebilecekler hakkında önemli sınırlamalar içermektedir. Bir sorunun çözümüne girişmek için elimizdeki bilgi dağarcığını irdelerken bu sınırlamaların farkında olmak neleri hangi etkinlikte başarabileceğimiz konusunda bize önemli ipuçları verir.

Bilimin amacı bilinebilenlerden hareketle bilinmeyenlere ulaşabilmektir. Bu yüzden neyin gerçekten bilinip neyin bilinmediğini iyi irdelemek çok önemlidir. Atatürk'ün yaşamında bu "bilgi değerlendirme" işlevinin ne denli hassasiyetle yapıldığı konusunda sayısız örnek vardır. Daha genç bir şehzade yaveriyken, Vahdettin'in Almanya seyahatinde Alman Genelkurmay Başkanı Mareşal Paul von Hindenburg'un (1847-1934) güneydoğu cephemiz hakkında şehzadeye verdiği bilgilerin yanlış olduğunu hem şehzadeye hem de bizzat mareşale söylemiş, hayâli bilgiler üzerine zafer planlan yapılamayacağını vurgulayarak, mareşalin ümit beslediği geleceği gerçekçi görmediğini anlatmıştır. Daha sonra olanlar onun ne kadar haklı olduğunu bizler için pek acı bir şekilde göstermiştir. Enver Paşa'nın şimdi zırva olduğunu gördüğümüz ve ülkeyi felâkete sürükleyen planlarını eleştirirken dayandığı en önemli temel, hayâller içinde yüzen Enver'in bilgi temelinin yanlış ve eksiklikleri olmuştur. Bunlarda da zaman Atatürk'e hak vermiştir.

Atatürk'ün sorun çözme yönteminin ilk basamağı çözülecek sorunun bileşenleri hakkında mümkün olduğunca çok ve sağlıklı bilgi toplamak olmuştur. Bunun sık sık onun "gerçekçiliği" veya "pragmatistliği" şeklinde dile getirildiğini duyarız. Bu çok önemli noktaya daha sonra geri döneceğim.

Popper'in "eleştirel akılcılık" yönteminin teklifinden önce iki önemli bilim yöntemi önerilmiş ve tartışılmıştır:

Bunlardan birincisi, İngiliz düşünürü ve devlet adamı Sir Francis Bacon'un (1561-1626) meşhur eseri *Novum Organum*'da (1620) önerdiği deneycilik (ampirizm)[3] ilkesidir. Bu ilkeyi şöyle özetleyebiliriz: "Gözlemlerin toplamı gerçeği gösterir". Bu ilkenin dayandığı temel inanç "doğa yanıltmaz" (*veracitas naturae*) olarak dile getirilebilecek olan güvendir. Halbuki bu inanış doğru değildir. Örneğin olağan ışık gözümüze beyaz görünmektedir. Ama aslında değişik frekanstaki yedi değişik rengin bileşiminden oluşmaktadır. Işığın bileşik doğasını ancak belirli deneyler, yani kasıtlı, önceden sahip olunan bilgilerden kaynaklanan, şüphelere dayanan sorgulamalar yaparak görebilmekteyiz. Goethe (1749-1832) gibi büyük bir dâhi 19. Yüzyıl'ın başında bile ışığın ancak dolaylı olarak bilinebilen bu bileşik doğasını kabul edememiştir. Benzer şekilde, enine çizgiler içeren bir kare, boyuna çizgiler içeren aynı boyutlardaki bir kareden daha genişmiş gibi gözükür. Demek ki, gözlemlerimiz ve dolayısıyla doğa bizi yanıltabilmektedir.

Aslen bir asker ve aynı zamanda modern bilimin en önemli mimarlarından biri olan büyük Fransız düşünürü ve bilim adamı René Descartes (1596-1650) ise Tanrının insanları yanıltmak istemeyeceği tezinden (*veracitas dei*=Tanrı yanıltmaz) hareketle, Tanrının insanlara bahşettiği aklın bizi daima gerçeğe götüreceği tezini öne sürmüştür. Fakat gözlemle denetlenmeyen aklın da bizi gerçeğe götüremeyeceğini, bizzat kendisinin öne sürdüğü pek çok bilimsel iddianın yanlışlanması ispat etmiştir.

Ancak Isaac Newton'un (1643-1727) mekaniğinin (1686) ve optiğinin (1704) daha sonra kazandığı müthiş başarı, insanın kesin doğruya ulaşabileceği inancını doğurmuştur. Ünlü İngiliz şairi Alexander Pope (1688-1744):

Doğa ve doğanın yasaları gecede saklıydı
Tanrı Newton'a 'ol' dedi ve her şey aydınlandı[4]

dememiş miydi? Aydınlanmanın en büyük filozoflarından olan ve "bilgi ile özgürlüğe ulaşma" fikrinin mimarı Emmanuel Kant (1724-1804) da Pope ile aynı fikirdeydi. Ancak şair Pope'dan farklı olarak bir bilgin olan Kant bir bireyin nihaî genel bilgiye ulaşmasının da mantıken mümkün olmadığının bilincindeydi, zira İskoç Aydınlanmasının yaratıcılarından David Hume'un (1711-1776) deneyimimiz dışında olan şeyler hakkında kesin bilgi sahibi olmamızın mümkün olmadığını mantıksal olarak ispat ettiğini hatırlıyordu. O zaman Newton tüm kâinatta geçerli olabilecek fizik kurallarını nasıl bulmuş olabilirdi? Bütün kâinatı gözlemiş olmasına imkân olmadığına göre, Newton'un ortaya attığı kurallar kendi aklının ürünü olmalıydılar. Newton aklında bir seri kurallar "icat etmiş" ve bunları doğaya uygulamış olmalıydı. Bu aslında Descartes'ın dediğinden farklı bir şey değildi. Kant bunun farkındaydı. Dolayısıyla Kant'a göre Newton'un "doğruyu" bulması için sırf akıldan başka bir şeyin gerekli olduğu açıktı. Kant bunu "doğuştan taşıdığımız bilgiler" kavramında buldu. Örneğin bir üçgenin iç açılarının 180° olması gibi "bilgiler" herkesin kolayca "görebileceği" türden bilgilerdi ona göre, zira bunlar bizim türümüze ait olan, yani doğuşta bizimle birlikte doğan, "à priori" (önceden mevcut) bilgilerdi. Kant, Newton'un gerçeği bulmasını açıklayabilmek amacıyla saf akla ilâveten insanın hakikati idrak etmesi için özel bir ekstra yeteneği olduğunu kabul etmek zorunda kalmıştı. Aslında Aristoteles'in (MÖ 384-322) *nous* (idrak) fikrine benzeyen bu fikir Kant'ın en büyük eseri kabul edilen *Saf Aklın Eleştirisi* (Kritik der reinen Vernunft [1781]) adlı kitabının da temel fikridir.

Bugün büyük filozofun yanılmış olduğunu biliyoruz, zira 1905 ve 1916'da Albert Einstein'in yayınladığı özel ve genel izafiyet teorileri, Newton mekaniğinin yanlış olduğunu gösterdiler. Kant tüm bilim felsefesini Newton'un nihaî gerçeği bulmuş olduğu kabulü üzerine kurmuştu. Bunun böyle olmadığının görülmesi, *Saf Aklın Eleştirisi*'nin en temel tezini çürüttüğü için Kant'ın ona dayanan tüm bilim felsefesi de yıkılmış oluyordu.

Kant'ın tezinin de çürütülmesi, bilimsel gelişmeyi açıklanamamış olarak bırakıyordu. Bugün mağara insanından çok daha fazla şey bildiğimiz, ondan çok daha rahat yaşadığımız muhakkak olduğuna göre, bu gelişme, bu "bilgi edinme" işlevinin mekanizması neydi? Bilim dışında, dinler de dahil olmak üzere, hiçbir şey güvenilir bilgi vermiyordu. Üç büyük dinin kutsal kitaplarında verilen "Yaradılış", "Tufan", "Dünya merkezli evren" vb. "bilgiler" bilimle her çeliştiklerinde, sonunda bilim hep haklı çıkmıştı. Galilei'nin gözlemi *Tevrat*'ın "Yeşu" kitabında ima edilen ve *Zebur*'un 93 numaralı mezmurunda dile gelen dünya merkezli evren fikrinin yanlış olduğunu ispat etmişti. Galilei'yi mahkûm eden Papalık 350 yıl sonra ondan resmen özür diledi. 19. Yüzyıl başında modern çehresini kazanan jeoloji, Tufan'ın masal olduğunu ispat etti. Aynı şekilde yaradılış efsanesinde dile gelen insanın yaradılışının aslında evrimle olduğunu gösteren Darwin'e karşı ayaklanan din, sonunda yine Papalığın evrim kuramını kabullenmesiyle strateji değiştirmek zorunda kaldı.

Bilimsel gelişmenin açıklanması sorununu Viyanalı büyük filozof Karl Reimund Popper 1933 ve 1935 yıllarında yaptığı ve yukarıda bahsettiğim iki yayınıyla nihayet çözdü. Popper bilimsel kuramların doğanın verilerinden bağımsız olarak bizim kafamızda şekillendiği konusunda Descartes ve Kant ile aynı fikirdeydi. Ancak bir kuram kafamızda doğup, dile gelir gelmez, doğanın gerçekleriyle karşı karşıya kalır. Bu durumda kuramdan yapılacak çıkarımlar, doğanın gerçekleriyle uyum içerisindeyse, kuram "şimdilik" kaydıyla doğru kabul edilir, ta ki çıkarımlarından biri doğanın gerçekleriyle çelişene, yani kuram yanlışlanana kadar. Bir kuramın tek bir çıkarımının gerçekle çelişmesi, kuramın geçerliliğini yitirmesi için yeterlidir. Bu durumda, geçerliliğini yitiren, yani yanlışlanan kuramın izah edebildiği tüm veriler, artı kuramı yanlışlamış olan veri, yepyeni bir kuram içinde açıklanılmaya çalışılır. Bu yeni kuram da aynen yanlışlanan gibi, aklımızın ürünüdür; ama eskisinden daha geniş bir veri temelini açıklayabildiğinden, eskisine nazaran bir gelişmeyi temsil eder.

Bunu belki bir kez daha şu şekilde açıklamakta yarar vardır:

1. Ortada açıklanması gereken n sayıda gözlem vardır.

2. Aklımız bunun için bir A kuramını "uydurur".

3. A kuramı n sayıda gözlemle uyum içindedir. Yani n sayıda gözlemi "açıklar".

4. Yeni bir gözlem yapılır: n+1 'inci gözlem.

5. n+1'inci gözlem A kuramıyla çelişmektedir.

6. n+1 sayıdaki gözlemlerimizi açıklayacak yeni bir B kuramı aklımız tarafından uydurulur.

7. B kuramı hem A'nın açıkladığı n gözlemi, hem de A'nın açıklayamadığı n+1'inci gözlemi açıklayabilmektedir.

8. Dolayısıyla B, A'dan daha gelişmiş bir kuramdır.

9. Yeni gözlemler toplanmaya devam edilir. Ta ki bir n+m'inci gözlem B kuramını da yanlışlayana kadar.

10. n+m sayıdaki gözlemi açıklayabilecek yeni bir C kuramı uydurulur.

11. C kuramı hem B'den hem de A'dan daha gelişmiş bir kuramdır. Bu şekilde bir A->B->C gelişmesi açıklanmış olur.

Popper'in tezinin en çekici yanı, nihaî gerçeğe ulaşıldığı iddiasına gerek duymadan bilimsel gelişmeyi açıklayabilmesidir. Yani ne kadar gelişmiş olursa olsun, ne kadar çok gözlemi içerirse içersin, her kuramsal genel varsayım her zaman yeni gelişmelere açık olmak zorundadır. Aslında tarih boyunca tüm bilim bu şekilde çalışmıştır. Genel konularda nihaî gerçeklere ulaştığını iddia eden, doğruyu söylememektedir. Bacon ve Descartes'ın iddiaları bilim tarihinin yanlış yorumlanmasının sonuçlarıdır.

Bilimsel Yöntem

Yukarıdaki açıklamalarımız ışığında, bilimsel yöntemi şu şekilde maddeleyerek özetleyebiliriz:

1. Problemin saptanması (Bu genellikle önceki bilgilerimiz, yani gözlemler veya mevcut varsayımlar ışığında yapılır)
2. Problem çözümü için bir varsayımın uydurulması
3. Varsayımın çıkarımlarının gözlemle denetlenmesi
4. Gözlemlerle çelişiyorsa varsayımın terk edilmesi
5. Genişlemiş gözlem temeliyle uyumlu yeni bir varsayımın uydurulması
6. Yeni varsayımın çıkarımlarının gözlemle denetlenmesi
7. Dördüncü ve sonraki aşamaların sırayla tekrarı

Popper'in sistematize ederek bizlere tanıttığı bu yönteme "eleştirel akılcılık" dendiğini söylemiştim. Eğer evren pek çok bilim adamının sandığı gibi sonsuzsa, eleştirel akılcılığın mantıksal bir çıkarımı da bilimin sonunun olamayacağıdır. Ancak yukarıdaki kurşun kalem sorgulanması örneğinde gördüğümüz gibi aslında sonlu nesnelerin de sorgulanmaları sonsuza gidebilir. Bir diğer deyişle, ekseri halde hiç kimse nihaî gerçeğe ulaştığını iddia edemez. Bu nedenle eleştirel akılcılık doktrinler, yani yanılmaz ilkelerin bulunduğu inancına dayanan tüm yaklaşımların bir yanılgı olduğunu göstermiştir.

Karl Popper'in İkinci Dünya Savaşı esnasında Yeni Zelanda'da gönüllü sürgündeyken yazdığı *The Open Society and Its Enemies* (*Açık Toplum ve Düşmanları*) adlı anıtsal eseri[5] totaliter devlet felsefesinin kurucusu olan Eflatun'dan (Platon: MÖ 427-347) Kari Marx'a (1818-1883) uzanan "toplum mühendislerinin" ve oradan da 20. Yüzyıl'ın eli kanlı faşist ve nasyonal sosyalist diktatörlerinin dayandığı temel dünya görüşünün çürüklüğünü göstermeye adanmıştır. Atatürk'ün tüm bu fikirlere aynen Popper gibi duyduğu antipatiyi aşağıda göreceğiz.

Atatürk'ün Yöntemi

Atatürk, tüm yaşamı boyunca;

1. Önce karşısındaki sorunu iyi tanımaya ve tanımlamaya (yani kodlamaya),

2. Kendisinden önce bahis konusu sorun veya sorunlar için ortaya atılmış çözüm önerilerini iyi öğrenmeye ve bunların başarısızlık ve/veya uygunsuzluk nedenlerini doğru teşhis etmeye,

3. Sorunun veya sorunların çözümü veya çözümleri için uygun varsayım önerileri üretmeye,

4. Kendi önerdiği varsayımlara körü körüne asla bağlanmadan onları en acımasız bir şekilde gözlem raporlarıyla denetlemeye,

5. Başarısız olduklarına inandığı varsayımlarını derhal eleyerek, yerlerine yeni gözlem temelini de dikkate alarak (yani kendi çözüm önerilerini başarısız kılmış olan gözlemleri de değerlendirerek) yeni varsayım önerileri üretmeye,

6. Bu yeni varsayım önerilerini de daha önceki varsayımlar için yaptığı gibi gözlem raporları ışığında denetlemeye büyük özen göstermiştir. Bu yöntem, Atatürk'ün işlerini neredeyse bitirdiği yıllarda, Karl Popper'in tüm dünyaya gösterdiği gibi, doğa bilimlerinden bildiğimiz, bilimsel yöntemin ta kendisidir.

Bazı Örnekler

Şimdi bunu birkaç örnekle görelim. Aşağıdaki örneklerin çoğunu, Atatürk'ün işini bitirdikten sonra bir deney raporu titizliği ile kaleme aldığı *Nutuk*'undan aldım. *Nutuk*, yalnız Türk tarihinin veya dünya askerlik ve politika tarihinin değil, aynı zamanda toplumbilimleri tarihinin de kanımca en önemli eserlerinden biridir: Birinci adım, yani "önce karşısındaki sorunu iyi tanımak ve tanımlamak (yani kodlamak)":

Nutuk'un ilk sahifesi aşağıdaki sözlerle açılır:

"**Samsun'a çıktığım gün umumî vaziyet ve manzara.** 1919 senesi Mayıs ayının 19uncu günü Samsun'a çıktım. Vaziyet ve manzara-i umumiye:"

Bu girişten hemen sonra Atatürk, Samsun'a ayak bastığı an karşısında duran ve yurdu kurtarmak ile ilgili gözlemleri sıralamaktadır. Bu sıralamayı da son derece metodik bir şekilde, alt başlıklara ayırarak yapmakta; gerekli yerlerde, söylediklerini belgelemek için vesikalara atıf yapmaktadır. Bu vesikaların kopyaları, aynen herhangi bir tarih araştırması kitabında olacağı şekilde, eserin sonundaki bir kısımda toplanmıştır.

Atatürk'ün verileri sunarken onları şu alt başlıklara ayırdığını görüyoruz:

Mukabil halâs çareleri (yani problem karşısında başkaları tarafından düşünülmüş ve kısmen hayata geçirilmiş kurtuluş çareleri; Atatürk bilhassa bunların birbirinden kopuk, yurt çapında amaç birliğinden yoksun hallerini vurgulamaktadır)

Millî teşekküller, siyasî maksat ve hedefleri (Bir önceki başlık altında söylediklerinin bir açılımı ve detaylandırılması. Burada bilhassa amaçları üzerinde duruyor)

Memleket dahilinde ve İstanbul'da millî varlığa düşman teşekküller (Ülkede kişisel çıkarlarını ulusal yararın önünde görenlerin oluşturdukları şer ocaklarını ve bu arada bilhassa İngiliz Muhipleri Cemiyeti'ni anlatıyor. Bu cemiyetin biri açık diğeri gizli iki amacı olduğunu vurgulayarak, gizli amacın Osmanlı ülkesinin parçalanarak ele geçirilmesi olduğunu yine belgelere dayanarak söylüyor ve bu cemiyeti oluşturan Türklerin başında bizzat Padişah ve Halife sıfatlarını taşıyan Vahdettin'in bulunduğunu vurguluyor. Hatta Kurtuluş Savaşı bittikten sonra bile padişaha bel bağlayanların, onun varlığından medet umanların olduğu düşünülürse, bu vurgulamanın nedeni daha iyi kavranabilir.)

Ordumuzun vaziyeti (Ordunun Birinci Dünya Savaşı sonunda içine atıldığı feci vaziyeti detaylarıyla anlatarak elde nelerin kalmış olduğunu listeliyor ve işe nereden ve nasıl başlanacağına nasıl karar verildiğini açıklıyor.)

Müfettişlik vazifemin geniş salâhiyetleri (Kendisine verilen sorumluluğu geniş görevin yararlarını açıklarken, bu geniş sorumlulukların kendisine nasıl kendi ısrarı ve görevi verenlerin cehaleti sayesinde verildiğini anlatarak, İstanbul yönetiminden herhangi bir yardım veya hatta yalnızca iyi niyet bile beklenilemeyeceği kararına nasıl vardığını vurguluyor. Bunun örneğin Refet (Bele) Paşa veya Rauf (Orbay) Bey gibilerce anlaşılamamış olması, özellikle işin başında pek çok anlaşmazlığa neden olmuş, işleri yavaşlatmış, hatta zaman zaman ciddî tehlikelerin doğmasına yol açmıştır. Tüm bu durumlarda Atatürk'ün verilerinin sağlamlığı, onları açıklamak için geliştirdiği varsayımların berraklığı ve isabeti insanı bugün bile hayrete düşürüyor.)

Ancak Atatürk her zaman, her yerde güvenilir veri bulamayacağını ve bulamamış olduğunu biliyordu. Örneğin Sivas'taki Refet Paşa'ya pek zor günlerde Erzurum'dan çektiği 23 Temmuz 1919 tarihli bir telgrafta bunu açıkça söylemektedir:

> *Her alınan haberi, arzu edildiği veçhile, tevsik (belgelemek), nadiren müyesser olur (gerçekleşir). Şark ahvali (Doğu'daki durumlar) hakkında aldığımız malûmat (bilgi) mübalağadan âri olmamakla beraber (abartılı olmakla birlikte), bize, yanlış bir hatve (adım) attırmış değildir, (c. I, s. 61)*

Bu nedenle Atatürk aldığı her bilgiyi elden geldiğince bağımsız kaynaklardan kontrole gayret etmiş, bunun mümkün olmadığı durumlarda da kendi muhakeme ve tecrübesini kullanmıştır. Örneğin 1 Eylül 1919 günü Erzincan'dan Sivas'a doğru yola çıkılmak üzereyken, "Dersim Kürtleri boğazı tutmuşlar. Tehlike var. Geçilemez." haberi gelir. Atatürk tehlikeyi göze alıp yola devam kararı verir, ancak bazı korunma tedbirleri de aldırır. *Nutuk*'ta, delice bir cesaret olarak görünebilecek olan bu kararı niçin aldığını şöyle anlatır:

> *Bu tertip ve tarzı hareketi, mâkul ve emniyetli görmeyenler bulunabilir. Gerçi bu tarihlerde Elâzîz (bugünkü Elazığ) Valisi Ali Galip Beyin Dersim'de dolaştığı ve bazı tesvilât (aldatmaca) ve tertibata*

çalıştığı malûm idiyse de izah edeyim ki, ben, evvelâ hakikaten boğazın tutulduğuna kani olmadım. Bunu, hükümeti merkeziyenin mümaşatkârı (yoldaşları) olabileceğini tahmin ettiğim bazı kimseler tarafından, mahza (sadece), beni tevakkufa (durmaya) mecbur etmek için tasni edilmiş (uydurulmuş) bir plan telâkki ettim. Saniyen (ikinci olarak), Dersim Kürtleri boğazı tutmuşlarsa, bunların alabilecekleri tertibatın, uzak tepelerden yola ateş etmekten ibaret kalması, bence, çok muhtemel idi. (c. I., ss. 84-85).

Kurmay Mustafa Kemâl, hem düşmanlarının ruh hallerini hem de gidilecek yolun fiziksel coğrafya şartlarını hızla gözünün önünden geçirerek, Boğazın ne şekilde tutulabileceğini de askerlik deneyimiyle tartıp, olabilecek vaziyet hakkında bir değerlendirme yapmış ve haklı çıkmıştır. Sivas'a tek el ateş edilmeden varılmıştır.

Eldeki veriler gözden geçirildikten sonra ikinci adım sorunun çözülmesi için ortaya bir varsayımın atılması, yani bir çözüm teklifinin yapılmasıdır. Bunun için *Nutuk*'ta Atatürk, problemi bir kez daha, ana hatlarını daha iyi belirleyebilecek daha dar bir çerçeve içerisinden sunup, daha önceden öne sürülmüş olan muhtelif kurtuluş çarelerinin niçin işe yaramayacağını da bir defa daha özetledikten sonra kendi teklifini dile getirmiştir:

Umumî manzarayı dar bir çerçeve içinden görüş
Düşünülen kurtuluş çareleri
Benim kararım. Efendiler, bu vaziyet karşısında bir tek karar vardı. O da hâkimiyeti milliyeye müstenid (ulusal egemenliğe dayanan), bilâkaydüşart (kayıtsız şartsız) müstakil (bağımsız) yeni bir Türk Devleti tesis etmek.

Bu kararda dile gelen varsayım, yani Türk devletinin ve milletinin sorunlarının ancak milli egemenliğe dayanan tam bir bağımsızlıkla çözülebileceği fikri, o zaman Atatürk hariç hemen herkese tam bir deli saçması gibi geliyordu. Kurtuluş Savaşı döneminde Atatürk'e cephe alan İstanbul basınının yazarlarından Refii Cevat Ulunay (1890-1968) Atatürk Samsun'a gitmeden önce kendisiyle konuştuğunu, Atatürk'ün o zaman kendisine söylediklerini bir delinin hezeyanları olarak yorumladığı için ona cephe aldığını söylemiştir. "Peki, şimdi pişman değil misin?" diye sorulduğunda ise "Hayır, değilim" diye cevap vermiştir, "Çünkü o zaman, Atatürk hariç herkes benim gibi düşünüyordu!" Halbuki

Atatürk'ün mantığı ne denli duru ve doğrudur. *Nutuk*'ta kendisine karşı olanları imâ ederek:

> *Bir an için, bu kararın tatbikatında ademi muvaffakiyete (başarısızlığa) duçar olunacağını farz edelim! Ne olacaktı? Esaret!*
>
> *Peki Efendim. Diğer kararlara mutavaat (itaat etmek, baş eğmek) halinde netice bunun aynı değil miydi! (c. I, s. 13).*

Bu basit muhakeme, Atatürk'ün nasıl her varsayımın mantıksal çıkarımını sonuna kadar dikkatle izlediğini ve ancak ona göre adım attığını göstermektedir. Bilimde de yapılan bunun aynısıdır.

Atatürk üstelik o zamanki uluslararası camianın psikolojisini de iyi tartmıştır. Kendi kendini rezilane bir şekilde esarete veren bir ulusun kahramanca savaştıktan sonra esir düşen bir ulus kadar saygı görmeyeceği kanaatine sahipti. Zaman, Cengiz'e ve Timur'a karşı savaşmadan teslim olanların kayırıldığı, direnenlerin ise kılıçtan geçirildiği zaman değildir. Ulusalcılık, ulusal onur gibi kavramlar Avrupa'da hızlı bir yükseliştedir. "Üstün" ve "alçak" ırklardan bahsedilmektedir. Atatürk, Türk ulusunun "alçak" addedilenler safında esir düşmesinin "yüksek" addedilecek bir toplumun esaretinden çok daha vahim neticeler vereceği kanaatindeydi. İkinci Dünya Savaşı'nda oynanan feci insanlık trajedisi, onun aslında tiksindiği bu fikirlerin uygar toplumlara bile ne dereceye kadar egemen olduğunu pek korkunç bir şekilde gözler önüne sermiştir. Atatürk zamanının uluslararası toplumsal psikolojisini çok iyi tartmıştı.

Atatürk'ün yönteminde üçüncü adım, uygulama diyebileceğimiz, varsayımın verilerle kontrolünü oluşturuyordu: Yani, tasarlanan işi tatbikata koymak. Bunun için Atatürk, uygulaması çeşitli safhalardan oluşan bir plan yapmıştı. Bunun iki nedeni vardı: Birincisi, çevresindekilerin kendisiyle aynı görüşleri paylaşmadıklarını, bunun da hem bilgi hem de akıl eksikliğinden kaynaklandığının bilincinde olmasıydı. Bunu *Nutuk*'ta açıkça söylemekten de çekinmemiştir:

> *Millî mücadeleye beraber başlayan yolculardan bazıları, millî hayatın bugünkü Cumhuriyete ve Cumhuriyet kanunlarına kadar*

gelen tekâmülâtında (gelişmelerinde), kendi fikriyat ve ruhiyatının ihatası (çevresi) hududu bittikçe, bana mukavemet ve muhalefete geçmişlerdir, (c. I, s. 16).

Planı safhalara ayırmasının ikinci bir nedeni de her safhanın başarısını görerek ihtiyatla ilerleme arzusuydu. Bu hem çevresindekilere güven verecek, hem de varsayımın sağlıklı olup olmadığı konusunda kendisine bilgi sunacaktı:

Tatbikatı birtakım safhalara ayırmak ve vakayi ve hâdisattan (vak'alardan ve olaylardan) istifade ederek milletin hissiyat ve efkârını ihzar etmek (hislerini ve fikirlerini hazırlamak) ve kademe kademe yürüyerek hedefe vâsıl olmaya çalışmak lâzım geliyordu. Nitekim öyle olmuştur, (c. 1, ss. 14-15).

Bu kademe kademe yürüyüş esnasında hemen her adımda bazı aksaklıklar çıkmış, bazen tüm bir varsayımın yanlış olduğu görülmüştür. Bu durumlarda bilimsel yöntem, yanlışlanan varsayımın terk edilerek yerine yeni verileri de kapsayacak yeni bir varsayımın ortaya atılmasını gerektirir. Nitekim Atatürk de aynen öyle yapmıştır. Bunu bizzat kendi ağzıyla en güzel dile getirdiği durum, Sakarya Meydan Savaşı'nda karşılaşılan soruna karşı aldığı önlemdir ki, bu eski bir varsayımın (eski tabirle "nazariyenin") tamamen ve derhal terk edilerek yerine bir yenisinin koyulmasını gerektirmiştir. Bunu bizzat Atatürk'ün kendisinden dinleyelim:

Meydan Muharebesi 100 kilometrelik cephe üzerinde cereyan ediyordu, sol cenahımız, Ankara'nın 50 kilometre cenubuna kadar çekilmişti. Ordumuzun cephesi garba iken cenuba döndü, arkası Ankara iken şimale verildi, tedbili cephe edilmiş (cephe değiştirilmiş) oldu, bunda hiç beis (zarar) görmedim. Hatta müdafaalarımız kısım kısım kırılıyordu, fakat kırılan her kısım en yakın bir mesafede yeniden tesis edilebiliyordu. Hattı müdafaaya çok raptı ümit etmedik (ümit bağlamadık) ve onun kırılmasıyla, ordunun büyüklüğüyle mütenasip (uygun) uzun mesafe geriye çekilmek nazariyesini kırmak için memleket müdafaasını başka bir tarzda ifade ve bu ifademde ısrar ve şiddet göstermeyi faydalı ve müessir buldum.

Hattı müdafaa yoktur, sathı müdafaa vardır. O satıh bütün vatandır. Vatanın her karış toprağı vatandaşın kanıyla ıslanmadıkça, terk olunamaz. Onun için küçük, büyük her cüzütam (birlik), bulunduğu mevziden atılabilir. Fakat küçük-büyük her cüzütam, ilk durabildiği noktada, tekrar düşmana karşı cephe teşkil edip muharebeye devam eder. Yanındaki cüzütamın çekilmeye mecbur olduğunu gören cüzütamlar, ona tâbi olamaz. Bulunduğu mevzide nihayete kadar sebat ve mukavemete mecburdur, (c. II, ss. 617-618, vurgu benim).

Bilindiği gibi bu yeni varsayım hemen uygulanmış ve sonunda Yunan komutanı Papulas'ın, cepheyi müteaddit kereler yardığı halde, geri itememesi sonucu, asabının bozularak geri çekilme kararı almasına neden olmuştur.

Atatürk, yanlış ile doğrunun harmanından *istenilen herhangi bir ifadenin* çıkarılabileceğini bildiği için, yanlışlığı görülen varsayımların *kesinlikle terk edilmesi*, yani yanlışla doğrunun harmanlanmaya kalkışılmaması taraftarıydı.

Mantıkla bu çok önemli sonuç şöyle gösterilebilir (aşağıdaki mantıksal irdeleme Popper'in "Diyalektik nedir?" başlıklı makalesine dayanır[6]):

Eğer p ve q olan iki ifadeden biri doğruysa, p ifadesinden p ve/veya q ifadesi mantıken çıkarılabilir (ör. "Atatürk akıllı bir adamdır" p ise ve "Vahdettin padişahtır" q ise, "Atatürk akıllı bir adamdır" öncülünden "Atatürk akıllı bir adamdır ve/veya Vahdettin padişahtır" ifadesini türetebiliriz. (Buradan itibaren "ve/veya" ifadesini sembolik mantıktaki ***v*** yani "vel" işaretiyle ifade edeceğim.) Yukarıda söylediğimizi şu şekilde de ifade edebiliriz:

$$\frac{p}{p \vee q} \qquad (1)$$

Bundan şu kuralın doğruluğunu görmek kolaydır:

$$\frac{\begin{array}{c} p \text{ değil} \\ p \vee q \end{array}}{q} \qquad (2)$$

Şimdi bu iki kuralı kullanarak birbiriyle çelişen iki ifadeden istediğimiz herhangi bir ifadeyi çıkarabileceğimizi görelim:

Diyelim ki birbiriyle çelişen iki ifademiz var:

a) Vahdettin haindir

b) Vahdettin hain değildir

Bu iki ifadeden herhangi bir ifade, mesela "Yeşilyurt'ta bugün hava güzeldir" ifadesi türetilebilir! Birinci kuralımıza göre sırf a öncelini kullanarak bir c ifadesini, yani "Vahdettin haindir" ve/veya "Yeşilyurt'ta bugün hava güzeldir" sonucunu elde edebiliriz. Şimdi b'yi ve c'yi öncellerimiz kabul ederek, ikinci kuralımıza göre "Yeşilyurt'ta bugün hava güzeldir" ifadesini geçerli olarak çıkarabiliriz.

Buradan şu çıkmaktadır: *Herhangi bir varsayım birbirleriyle çelişen ifadeler içeriyorsa, o varsayımdan istenilen herhangi bir şeyi türetmek mümkündür.* Bu da hiçbir şey türetememekle aynı kapıya çıkar. Aklı başında bir insanın böyle bir zırvalığı kabul etmesi mümkün değildir gibi gelir bize. Halbuki meşhur Alman filozofu Georg Wilhelm Friedrich Hegel'in (1770-1831) ve onu izleyen Karl Marx ve Friedrich Engels'in (1820-1895) diyalektiği bize bu zırvalığı empoze etmektedir! Özellikle solcu "entelektüel" çevrelerde her iki lafın başında bir "diyalektik olarak...." veya "diyalektik açısından bakarsak..." gibi beylik sözleri duymak beni her zaman hayretlere sürüklemiştir. İşte bu basit mantıksal nedenden ötürü Hegel'in (ve Marx'ın) diyalektiği (Tez+Antitez=Sentez) Atatürk'ün düşüncesine tersti.

Atatürk, mantıken tutarsız ifadelere düşüncesinde yer vermemeye büyük özen göstermiştir ki, bu da bilimsel tutumun özelliklerinden biridir. Bilim doğa hakkındaki düşüncelerimizden tutarsızlıkları ayıklamaya uğraşır. Birbiriyle çelişen ifadelerden bir sentez üretmek mümkün değildir.

Zaman zaman, diyalektiğin doğanın kendisinde görüldüğünü, her sürecin kendi içinde kendi çelişkisini taşıdığı iddiası ile karşılaşırız. Halbuki, doğada hiçbir şey *gerekli* olarak içinde kendi çelişkisinin tohumlarını taşımaz. Bazı süreçlerin ortadan kalkması, kendi iç mekanizmalarının bir ürünü değil, çevredeki tesadüfi değişimlerin sonucu olarak gelişir. Örneğin, Dünya ve

Venüs gezegenleri çok benzer bir şekilde yaşamlarına başlamış olmalarına rağmen, güneşe uzaklıkları değişik olduğundan apayrı şekillerde evrim geçirmişlerdir. Dünya üzerinde bazı hayvanlar müthiş bir hızla evrimleşirken diğerleri evrimleşmeden soylarını sürdürmüşlerdir. Engels, modern jeolojinin kurucularından Sir Charles Lyell'i (1797-1875) jeolojik evrimde gereklilik yerine tesadüfü vurguladığı için *Doğa'nın Diyalektiği*'nde (1925; yazılışı 1873'den 1886'ya kadar) eleştirmiştir. Aynı nedenden ötürü Marx ve Engels, Darwin'in evrim kuramını "insanlık hakkında acı bir hicviye" olarak nitelemişlerdir[7]. Yves Christen de Marx ve Darwin hakkında yazdığı eserinde, Marx'ın dünyasının doğa bilimleriyle asla bağdaşmadığını belgelemiştir[8].

Halbuki Atatürk tüm düşünce tarzını doğa bilimlerinin yöntemleri üzerine kurmuştu. Bakınız bu konuda manevi kızı Prof. Dr. Afet İnan ne diyor:

> *Atatürk, kendi yetiştiği devrin müspet ilimlerini mesleki ihtisası bakımından bellediği vakit, berrak ve müspet bir görüşe sahip olabildiğini ve herhangi bir meseleyi riyazi (matematiksel) bir katiyetle haletmeyi hedef tuttuğunu söylerdi.*[9]

Atatürk'ün General Karl Litzmann'dan (1850-1936) çevirdiği *Takımın Muharebe Talimi* adlı esere yazdığı önsöze baktığımızda onun yanlışlanan fikirlerin çöpe atılması gerektiğini nasıl ifade ettiğini çok güzel görürüz:

> *... elimizdeki Talimname terakkiyat-ı zemaniyeyi (zamanımızın gelişmesini) takip edebilecek mahiyeti haiz değildir. Onun bâyide (bayat, köhne) ve fersûde (yıpranmış, eskimiş) yapraklarını koparıp atmak; yerine zaman-ı hazır harbinin (şimdiki zamanın savaşlarının) talep eylediği evsaf ve şeraiti (gerektirdiği vasıfları ve şartları) bahşedecek yeni bir kitab-ı mübin (güvenilir kitap) koymak mecburidir. (Mustafa Kemâl, 1908)*[10]

Atatürk, benzer şekilde, doğu kültürü ile batı kültürünün sentezini de -bu iki kültürü birbiriyle çelişki içerisinde gördüğü için- her zaman reddetmiştir. Ülkemizin yetiştirdiği en büyük arkeolog olan merhum Ord. Prof. Dr. Ekrem Akurgal (1911-2002) da Atatürk'ün tarih ve kültür anlayışı hakkında 1954 yılında Ankara Üniversitesi Dil ve Tarih-Coğrafya Fakültesi'nde verdiği bir konferansta tarihten örneklerle bunun ne kadar haklı olduğunu, tarih boyunca yapılmaya çalışılan doğu-batı sentezlerinin birbiriyle çelişen iki unsurun sentezinin yapılmasının olanaksız olması sonucu, nasıl hezimete uğradıklarını Büyük İskender'den başlayarak anlatmıştır.[11]

Atatürk'ün yönteminin altıncı adımı, yeni varsayımın çıkarımlarının gözlemle denetlenmesini içerir. Bir önceki örneğimizi sürdürürsek, Sakarya'da ortaya atılan yeni varsayım Sakarya'dan sonra Büyük Taarruz'da da sınanmış; sınanmakla kalmamış, düşmanın Sakarya'da almış olabileceği muhtemel dersler de düşünülerek ona ne hattı ne de sathı savunma imkânı bırakılmıştır:

> *Düşündüğümüz, ordularımızın kuvayi asliyesini (esas kuvvetini) düşman cephesinin bir cenahında (kanadında) ve mümkün olduğu kadar cenahı haricisinde (dış kanadında) toplayarak, bir imha meydan muharebesi yapmaktı. Bunun için muvafık (uygun) gördüğümüz vaziyet; kuvayi asliyemizi, düşmanın Afyon Karahisar civarında bulunan sağ cenah grubu cenubunda ve Akarçay ile Dumlupınar hizasına kadar olan sahada toplamaktı. Düşmanın en hassas ve mühim noktası orası idi. Seri ve katî netice almak, düşmanı bu cenahından vurmakla mümkündü, (c. II, s. 671).*

Büyük Taarruz, Atatürk'ün Harp Akademisi'nden hocası olan Yakup Şevki (Subaşı) Paşa'nın (1876-1939) teklif ettiği gibi bir cephe harbi şeklinde değil, bir yarma, çevirme ve imha savaşı şeklinde planlanmıştır. Yani düşmana hattı veya sathı savunma imkânı verilmemiştir.

Atatürk, yeni bulduğu varsayımın yeniliğini ve değerini biliyordu. Bunu savaş sırasında cebindeki küçük kırmızı kaplı defterine not etmiş, zaferden sonra kendisini Ankara'da karşılayan Ruşen Eşref Ünaydın'a da anlatmıştır. Bu hikâye Atatürk'ün bilim adamlığı yanını o kadar hoş, o kadar açık anlatır ki, buraya Ruşen Eşref'in kaleminden hepsini alacağım:

> *"Tarihin en uzun meydan muharebesidir" dedikleri Sakarya'yı böğrün sancıya sancıya, düşe kalka, bir sivil spor kıyâfeti ile idâre edip kazandıktan sonra bir akşam üzeri, kimseye söylemeden; karşıcı, alkışçı beklemeden; başının üstünde tâklar ve ayaklarının altında halılar dilemeden; gündelik işini görmekten dönüyormuşsun, kendi kalemi mahsusundan çıkıyormuşsun gibi, yıpranmış bir iç vilâyet taksisi sanılacak bir Ford otomobilinin sâdeliği içinde; ellerinde beyaz göderi eldivenler; o sivil kıyâfette Çankaya'ya döndün ... O kadar*

ki Hamdullah Suphi, Yakup Kadri ve ben, Seni istasyonda karşılamaya yetişemedik. Atları hızlı gidemeyen faytonumuzu Kavaklıdere'de görünce arabamı bir an durdurdun. Seni yolda kutladık. Ardınca köşke çıktım. Eski köşkün taşlığında gazânı tekrar tebrik ettim. Yapıp başardığın iş, virtüözce çekilmiş bir bilardo vuruşu imiş gibi yarı şaka yarı ciddî bir tavırla gülümseyerek, 'Ben galiba yine en eyi şu askerliği yapıyorum' dedin. Sonra cebinden kırmızı maroken kaplı bir küçük defter çıkararak çok ciddî bir sesle:

— "Bak buraya, birâder! Ben bu muharebede iki şey keşfettim ki bunlardan biri askerlik târihinde şimdiye kadar formüle edilmemiştir. O da şudur: Daha eyi hamle etmek için iğreti çekilmeler yaptırdığım bir sırada sırt vere vere tâ Ankara kıyılarına gerilediğimizi göz önünde tutarak: 'Bu hat da elden giderse, hangi hattı müdafaa edeceğiz" diye benden teessürle soran bir değerli kumandan Yusuf İzzet Paşaya: 'Vatanı korumakta hattı müdafaa yoktur, sathı müdafaa vardır. Bu satıh bir baştan bir başa vatanın bütün yüzüdür. Vatanın bu sathı, en son kayasına kadar düşmanla boğuşularak müdafaa edilecektir" cevâbını verdim ve bu formülü bir emri yevmî (gündelik emir) ile bütün orduya tebliğ ettim. "İşte, bu, ilk benim keşfim, benim buluşum, benim harp tarihine bir ilâvemdir" dedin...

"İkincisi de bana Sakarya'da doğan şu düşüncedir: Hiç bir zafer gaye değildir. Zafer ancak kendisinden daha büyük olan bir gayeyi elde etmek için gerekir en belli başlı vâsıtadır. Gaye, fikirdir. Zafer, bir fikrin istihsâline (üretilmesine) hizmet nispetinde kıymet ifade eder. Bir fikrin istihsâline dayanmayan bir zafer pâyidâr olamaz. O, boş bir gayrettir. Her büyük meydan muhârebesinden, her büyük zaferin kazanılmasından sonra yeni bir âlem doğmalıdır, doğar. Yoksa başlı başına zafer, boşa gitmiş bir gayret olur" diye anlatmada bulundun. Zaman mesâfesi ötesinde aklımda böyle kalmış bu iki noktadan birincisi: Savunmaya verdiğin çetin ve yıpratılmaz bir dayanma mânâsını; maddî ve gerçekçi bir görüşü; tam bir millî savunma tarifini; senin iradenin bükülmez tecessümünü; yâni bir şimdiki zaman manzarasını düşüncemde belirtiyordu... İkincisi de, elde edilecek büyük kazancı, yeni ülküye ulaşmak için ancak bir yol açıcı merhale saymak düşüncesini; ileriki rejimin ve devrimlerin öncüsü bir seziyi; yani, üstü şimdilik örtülü geçilen ve gelecek zaman tasarısını hayâl ettiriyordu... O defterde yazılı galiba bir üçüncü nokta daha vardı ki, neydi, şimdi pek hatırlayamıyorum. O defter hâlâ arşivlerinde duruyorsa, senin önem vermiş olduğun bir nokta daha bulunmuş olacaktır... Burada, benim asıl anlatmak istediğim; senin çalışma tarzının bir köşesinin aydınlanmasıdır. Kayıtsız, hesapsız, notsuz hareket eder biri olmadığının bilinmesidir. Defterlerinden yurdumuz, milletimiz için, görüş, anlayış tarzın için daha kim bilir ne yararlı düşünceler çıkacaktır!..[12]

Atatürk'ün ölümünden sonra bu küçük defter maalesef bulunamamış. Atatürk bir bilim adamı hassasiyetiyle yeni buluşlarını kaydediyor, onları gelecek nesillere mal etmek istiyor. Bu uygar, yazılı kültür insanının arkadaşları ne yazık ki henüz pek şarklıydılar, pek çoğunda, hatta gazeteci Ruşen Eşref Ünaydın'da bile, muntazam not tutma âdeti yoktu. (Daha sonra Ruşen Eşref, Atatürk'ün önemli gördüğü sözlerini not almaya başlamış, hatta bir keresinde onun şakayla karışık itirazına bile neden olmuştu.)[13]

Atatürk, izlediği yöntemin *bilimsel* bir yöntem olduğunun farkında mıydı? Dehâsıyla ve geniş genel kültürüyle bulduğu ve izlediği bu yöntemin yalnız bilimsel değil, hatta doğa bilimlerinin, zamanın terimiyle "fennin" yöntemi olduğunu Kurtuluş Savaşı'ndan sonra Bursa'da öğretmenlere söylediği nutukta bizzat dile getirmiştir:

> *Hanımlar, Beyler,*
>
> *Memleketimizin en lâtif, en mâmur en güzel yerlerini 3,5 sene kirli ayaklarıyla çiğneyen düşmanı mağlup eden zaferin sırrı nerededir, bilir misiniz? Orduların sevk ve idaresinde ilim ve fen düsturlarını rehber ittihaz etmektedir. Milletimizi yetiştirmek için asıl olan, mekteplerimizin, darülfünunlarımızın (üniversitelerimizin) teessüsünde (kurulmasında, temellendirilmesinde) aynı mesleği (yolu) takip edeceğiz. Evet, milletimizin siyasî, içtimaî (sosyal) hayatında, milletimizin fikrî terbiyesinde rehberimiz ilim ve fen olacaktır. (Bursa Nutku,* 27 Ekim 1922*)*[14]

Tüm bu bilimsel tavır, tabii olarak her türlü dogmatizme, her türlü taassuba cephe alacaktı. Gerçekten de öyle olmuştur. Bizzat kendi fikirlerinin bile doktrinleştirilmesine şiddetle karşıydı: Bunun nedeni, her düşünce sisteminin gelişmeye ihtiyacı olduğunu bilmesi, nihaî gerçeği bulduğunu iddia eden her sistemin yalan üzerine kurulmuş olduğunu görmesindendi.

Yakup Kadri Karaosmanoğlu, tüzük tartışmaları yapılırken, Cumhuriyet Halk Partisi'ni kastederek, "Paşam, bu partinin doktrini yok," diyor.

Atatürk'ün cevabı: "Elbette yok çocuğum. Eğer, doktrine gidersek hareketi dondururuz." (Ş. S. Aydemir, *Tek Adam*, 3. cilt, s. 498)

Donmuş düşüncenin ölü düşünce olduğunu çok iyi biliyordu.

Özetlersek, diyebiliriz ki, Atatürk tüm devrimlerine bu bilimsel yöntemle yaklaşmış, toplum mühendisliği olarak gördüğü görevini, bilimsel yönteme yaslamıştır.

Başarısız olarak gördüğü adımlardan derhal geri çekilmesi konusunda da pek çok örnek gösterilebilir.

Bunun hiç kuşkusuz en çarpıcı örneği, Dil Devrimi'nde tam tasfiyeciliktir. Otuzlu yılların başında bu yolu deneyen Atatürk, daha sonra bundan vazgeçerek dilin tasfiye ile temizlenmesinden ziyade, halkın rahat kullanabileceği bir iletişim aracı olması için çalışmıştır.[15]

Bir diğer örnek de tüm uygarlığın Türkler tarafından yaratıldığı şeklindeki tarih tezidir. Bu konuda ortaya attığı tezi en detaylı bir şekilde, bulabildiği en ehil ellere inceletmiş, yanlış olduğunu görerek terk etmiştir.[16]

Sonuç

Atatürk, doğa bilimlerinde en yaygın olarak kullanıldığını bildiğimiz ve onların temelini oluşturan bilimsel yöntemi, yaşamının tüm safha ve cephelerinde uygulamıştır. Kendisini bilim adamı diye vasıflandırmamın nedeni bu bilimsel yaklaşım tutkusudur. Hedefi, bu yaklaşımı tüm ulusuna öğretebilmekti.

Bu nedenle, 30 Ağustos 1925'te Kastamonu'da, halkına şu sözlerini tam bir güvenle söylemişti:

> *Efendiler ve Ey Millet,*
>
> *İyi biliniz ki ,Türkiye Cumhuriyeti şeyhler, dervişler, müritler, mensuplar memleketi olamaz.*
>
> *En doğru, en hakiki tarikat (yollar), tarikat-ı medeniyettir (uygarlık yollarıdır).*
>
> *Medeniyetin emir ve talep ettiğini yapmak, insan olmak için kâfidir.*[17]

Kendisine saygısı olan bir insana bundan daha güzel bir söz söylenebilir mi?

Tavsiye Edilen Başvuru Kaynakları

ATATÜRK, M.K., 1927(1973), *Nutuk*, on üçüncü basılış: Türk Devrim Tarihi Enstitüsü, Millî Eğitim Basımevi, İstanbul, c. I (IV+432ss+ 1 portre), c. II (ss. 433-898), c. III (ss. 899-1280).

(Bu, *Nutuk*'un en yaygın kullanılan şekli olduğu için ben de ilk baskısından ziyade Türk Devrim Tarihi Enstitüsü'nün basımına atıf yaptım.)

AYDEMİR, Ş. S., 1985, *Tek Adam*, 10. baskı, 1. cilt: Remzi Kitabevi, İstanbul, 423 ss.; 1983, 2. cilt, 9. baskı, 560 s.; 1983, 3. cilt, 8. baskı, 572+[IV]s.

MANGO, A., 1999, *Atatürk* (Çev. Füsun Doruker): Yeni Binyıl Sabah Kitapları, İstanbul, [II]+637 ss.

(Aydemir ve Mango'nun eserleri bir arada Atatürk'ün yaşamının en iyi, en güvenilir ve en rahat okunabilir hikâyesini oluştururlar. Bu arada Mango'nun kitabının aynı yıl, aynı başlıkla Londra'da meşhur John Murray Yayınevi tarafından yayımlanan İngilizce aslını okuyabilenler, onu okumalıdırlar.)

POPPER, K., 2005, *Bilimsel Araştırmanın Mantığı* (Çevirenler: İlknur Ata ve İbrahim Turan), 3. baskı: Kâzım Taşkent Klâsik Yapıtlar Dizisi, Yapı Kredi Yayınları, İstanbul, 596 ss.

ŞENGÖR, A. M. C., 2001, *Hasan Âli Yücel ve Türk Aydınlanması*, genişletilmiş ikinci baskı: TÜBİTAK Yayınları, Ankara, VIII+159 ss.

NOTLAR

Bu yayınlar şunlardır:

1 **Popper, K.**, 1933, *Ein Kriterium des empirischen Charakters theoretischer Systeme* (Vorläufige Mitteilung): *Erkenntnis,* c. 3 *(Annalen der Philosophie,* c. 11), ss. 426-427. Popper, K. R., 1935, *Logik der Forschung:* Springer Verlag, Wien, vi + 248 ss. (Bu çok önemli eserin 10. İngilizce baskısı dilimize *Bilimsel Araştırmanın Mantığı* başlığı ile 1998'de çevrilmiştir. Yukarıda "Tavsiye Edilen Başvuru Kaynakları" kısmına bkz. *Erkenntnis* 1933'de çıkan kısa makalenin çevirisi, bu tercümenin 356-358. sahifelerinde

verilmiştir. Ancak Almanca bilenlere Popper'in her iki eserinin de Almanca orijinallerini okumalarını tavsiye ederim. *Logik der Forschungen* yazarın yaşamında yapılan en son baskısı 10. Almanca baskıdır: **Popper, K.R.**, 1994, *Logik der Forschung,* zehnte verbesserte und vermehrte Auflage: J. C.B.Mohr (Paul Siebeck), Tübingen, XXIX+481 ss.

2 **Atatürk, M. K.**, 1952, *Atatürk'ün Söylev ve Demeçleri* II (1906-1938): Türk İnkılâp Tarihi Enstitüsü Yayımları: 1, Türk Tarih Kurumu Basımevi, Ankara, s. 197

3 Herşeyin ancak gözlemle bilinebileceğini savunan bu görüşe aslında "gözlemcilik" demek belki de daha doğru olacaktır. Türkçeye, görme olanağını bulabildiğim tüm felsefe sözlüklerinde "deneycilik" olarak çevrilmesinin nedeni, ampirik kelimesinin eski Yunanca'da "deney" veya "deneyim" anlamına gelen köküdür.

4 "Nature and nature's laws lay hid in night;
God said 'Let Newton be' and all was light."

5 **Popper, K.**, 1994, *Açık Toplum ve Düşmanları* cilt I *Platon* üçüncü basım (çev. Mete Tunçay): Remzi Kitabevi, İstanbul, 362 ss; cilt II *Flegel Marx ve Sonrası,* 382 ss. (çeviren ve basan aynı)

6 **Popper, K. R.**, 1940(1990), Diyalektik nedir? bkz. **Magee, B.**, 1990, *Karl Popper'in Bilim Felsefesi ve Siyaset Kuramı* (çev. Mete Tunçay): Remzi Kitabevi, ss. 103-133. Popper'in bu önemli makalesi 1940 yılında ilk kez *Mind* dergisinde basılmış, daha sonra *Conjectures and Refutations* kitabına alınmıştır. Türkçe tercümesini Mete Tunçay yaparak, yine kendisinin çevirdiği Magee'nin kitabına ek olarak yayımlamıştır.

7 **Desmond, A. ve Moore, J.**, 1991, *Darwin—The Life of a Tormented Evolutionist:* W. W. Norton & Company, New York, xxi+808 ss. S. 485'e ve orada Marx-Engels yazışmasına yapılan atıfa bkz.

8 **Christen, Y.**, 1981, *Le Grand Affrontement Marx et Darwin:* Albin Michel, Paris, 268 s.

9 **İnan, A.**, 1959, *Atatürk Hakkında Hâtıralar ve Belgeler:* Türkiye İş Bankası Atatürk ve Devrim Serisi No.10, Türk Tarih Kurumu Basımevi, Ankara, s. 271.

10 **Litzmann, [K.]**, 1324H (1908), *Takımın Muharebe Talimi* (tercüme eden Erkânıharbiye Kolağası M. Kemâl): *Atatürk'ün Askerliğe Dair Eserleri*'nde, Türkiye İş Bankası Atatürk ve Devrim serisi No. 8, Doğuş Ltd. Şirketi Matbaası, Ankara, s. 3

11 **Akurgal, E.**, 1956, *Tarih İlmi ve Atatürk: Belleten,* c. 20, sayı 80, ss. 571-584; aynı makale şurada tekrar basılmıştır: **Akurgal, E.**, 1998, *Türkiye'nin Kültür Sorunları—ve Anadolu Uygarlıklarının Dünya Tarihindeki Önemi:* Bilgi Yayınevi, Ankara, ss. 67-79.

12 **Ünaydın, R. E.**, 1959, *Atatürk'ü Özleyiş—Hâtıralar Birinci Kitap Zafer:* Türkiye İş Bankası Atatürk ve Devrim Serisi No. 3, Türk Tarih Kurumu Basımevi, Ankara, ss. 43-44. Atatürk, daha yüce bir gayeye hizmet etmeyen zaferin boş olduğu temasını 11 Kasım 1933 tarihli bir nutkunda tekrar ele almıştır: Bkz. **Ş. S. Aydemir,** *Tek Adam,* c. 3, s. 531.

13 "Birdenbire bana döndü; gerçi pek tatlı, fakat biraz da sitemkârdı gibime gelen gülümseyişti bir ihtarla:

—"Amma benim her söylediğim de kaydedilmez ki" dedi!: *Ünaydın, R. E.*, 1954, *Atatürk Tarih ve Dil Kurumu Hâtıraları—VII. Türk Dil Kurultayında Söylenmiştir,* T. D. K./F. III. 9, Türk Tarih Kurumu Basımevi, Ankara, s. 44.

14 **Atatürk, M. K.**, 1952, *Atatürk'ün Söylev ve Demeçleri* II (1906-1938): Türk İnkılâp Tarihi Enstitüsü Yayımları: 1, Türk Tarih Kurumu Basımevi, Ankara, ss. 43-44.

15 Bu konuda bilhassa şu önemli makaleye bkz. **Lewis, G. L.**, 1997, Turkish language reform: the episode of the Sun-Language Theory: *Turkic Languages,* c. 1, ss. 25-40.

16 Atatürk'ün tarih tezi konusunda yaptırttığı çalışmalar kelimenin tam anlamıyla muhteşemdir ve ne yazık ki detayları pek az bilinir; genellikle tepeden dayatma, bilim dışı bir hareket gibi gösterilir. Gerçeğin bununla ilgisi yoktur. Atatürk ortaya bir varsayım atmış ve bunun kontrolünü istemiştir. Ancak yapılanların çoğu kendisini tatmin etmemiş, kendisi bilhassa Fuat Köprülü ve Zeki Velidi Togan gibi ciddî tarihçilerin şiddetli ve haklı eleştirileri sonucu "tarih tezinin" doğru olmadığını görünce Türk Tarih Kurumu'na çalışmalara devam edilmesini, ancak gerçekten asla ayrılınmamasını emretmiştir (Atatürk benzer bir emri daha ilk başta vermişti: "Tarih yazmak tarih yapmak kadar mühimdir. Yazan, yapana sadık kalmazsa, değişmeyen hakikat insanlığı şaşırtacak bir mahiyet alır" 17 Ağustos 1931: **Amiral Fahri Çoker**'in aşağıda künyesi verilen eserinin 21. sahifesi). Bu konuda bkz. **Eyice, S.**, 1968, Atatürk'ün büyük bir tarih yazdırma teşebbüsü: Türk Tarihinin Ana Hatları: *Belleten,* c. 32, sayı 33, ss. 509-526; **Şakiroğlu, M.H.**, 1990, Atatürk döneminde başlatılan tarih çalışmaları ve halk bilgisi alanındaki gelişmeler: *Erdem,* c. 4/12, sayı 12, ss. 813-877. Atatürk'ün yapılan çalışmalardan memnun olmadığı **Amiral Fahri Çoker**'in *Türk Tarih Kurumu—Kuruluş Amacı ve Çalışmaları* (Türk Tarih Kurumu Yayınları XVI. Dizi—Sa. 48, 1983) adlı kitabının 7. sahifesinde açıkça dile getirilmiştir: "Çalışma programı gereğince üçer aylık dönemlerde Kurum'a ulaşan müsveddelerin incelenmesinde görülmüştür ki; bu aşamada bir çok konu için araştırmalar yetersizdir. Bu itibarla üyeler ve görev alan uzmanlar, konular üzerinde hazırladıkları eserleri Kurum'a vermeli ve bunlardan yayın değeri olanların yayınlanması yoluna gidilmelidir." Bu nedenle Atatürk'ün ağır hasta olduğu dönemde hangi etkilerle ve kimin eliyle yazıldığı kesin bilinmeyen ve devrin başbakanı Celâl Bayar tarafından okunan 1 Kasım 1938 tarihli Türkiye Büyük Millet Meclisi açış nutkundaki "Tarih tezimizi reddedilemez vesikalarla ilim dünyasına tanıtan Tarih Kurumu ..." sözlerinin onun samimî kanaatini yansıtmadığı kesindir. Öyle olsaydı, yapılan çalışmaların derhal yayınlanmasını emrederdi. Bunun tersine, araştırmaların sürmesini, bunlar arasında yayın değeri olabileceklerin yayımlanmasını söylemişti.

Ancak burada şunu not etmeden geçemeyeceğim: Atatürk'ün tarih tezinin bir parçası olan, Orta Asya'da insan uygarlıklarının oluşma döneminde büyük bir iç deniz olduğu varsayımı, yakında sağlam jeolojik verilerle desteklenmiştir: **Erol, O., Şengör, A. M. C., Barka, A. ve Genç, T.**, 1996, Was the Tarim Basin occupied entirely by a giant late Pleistocene lake? *Geol. Soc. America Absts. Progs.,* c. 28/7, s. A-497

17 **Atatürk, M. K.**, 1952, *Atatürk'ün Söylev ve Demeçleri* II (1906-1938): Türk İnkılâp Tarihi Enstitüsü Yayımları: 1, Türk Tarih Kurumu Basımevi, Ankara, s. 218; **Ş. S.Aydemir**'in *Tek Adam'ının* 3. cildinin 245. sahifesinin 1. dipnotunda bu tarih, bir baskı yanlışı sonucu, 3 Ağustos olarak gösterilmiştir. Okuyucuların bunu düzeltmesi gerekir.

Dahi Diktatör

İstersen bu sohbeti şu düşünceyle açalım: Atatürk'ün medeniyet anlayışı üzerine özellikle eğilmeliyiz; yapmak istediklerinin temelinde "medeniyet", yeni dilde "uygarlık" vardır. Esas meselesi, milletini medeni yani uygar hale getirmektir. Bu, öncelikle şu iddiayı ifade eder: "*Milletimizin 'medeni' olduğunu söyleyemeyiz ve medeni olmamız lazım. Dünyada da bir tane medeniyet var, ona katılmalıyız.*"

Atatürk'ün medeniyet hamlesine, Batı medeniyetine katılma girişimine özellikle 20. yüzyılda bazı itirazlar yükseldi. Kültürel rölativistlerin itirazı, "Her kültür, sadece ve sadece kendi içinde değerlendirilebilir, dışarıdan bir referans alınamaz" şeklindeydi. Ama "Dışarıdan bir kültür referans alınamaz, bir kültürün başvuru kaynağı dışarıda olamaz, sadece kendi içinde olabilir" iddiası" kanaatime göre Önsözde de vurguladığım gibi tamamen yanlıştır.

Bunun yanlış olduğunu söyleyen çok önemli sosyal bilimciler de çıktı ortaya ki, bunların en önemlilerinden biri toplumsal psikoloji ve antropoloji profesörü Robert B. Edgerton'dır. Pek çok ilkel toplum üzerinde çalışmalar yapan Edgerton, "*Hasta Toplumlar*" isimli kitabında, "Hasta toplumlar kendi bireylerine o kadar çok acı verirler ki, birey o toplumdan kaçmak ister. Fırsatını bulduğunda da kaçar" diyor. Bunun çeşitli örnekleri de var: İlkel kabilelerde bir insan, biraz daha az ilkel bir yer bulduğu vakit oraya kaçar. Berlin Duvarı yıkılmadan evvel, insanlar hayatlarını tehlikeye atıp, duvarın üstünden atlayarak Doğu Almanya'dan Batı Almanya'ya kaçıyordu. Demek ki orada rahat değil, demek ki o toplum hasta.

Atatürk kendi toplumunu hasta olarak görüyordu. Haklıydı da, çünkü o dönemlerde "Bizim halimiz iyi değil" diyen herkes dışarı baktı, "Kendimizi içeriden nasıl düzeltiriz" merakı yoktu. Dışarı bakanlardan ilki gericilerdi. "Biz geriye giderek kendimizi tedavi edebiliriz. Biz çok eskiden toplumumuzun uyduğu ve mutlu olduğu zamanlardaki özelliklerini kaybettik, o döneme geri dönelim" dediler. Bunu diyen din yobazları, tarihi ya da dinin eski halini bilmiyorlardı. Bildikleri, hurafe ve efsanelerden ibarettir. Gerçek tarih hakkında herhangi bir fikirleri dâhi olmayan bu insanların dönmek istedikleri gerçek bir yer de yoktur.

Buna mukabil, ilerici dediğimiz ve o dönemde Avrupa'ya ve Amerika'ya bakan ikinci grup insanlar, "Önümüzde bir model var. Oradaki insanlar daha iyi yaşıyorlar ve bu adamlarla ne zaman güç mukayesesine girsek bizden daha güçlü olduklarını görüyoruz. Demek ki, bunlar bir şeyi doğru yapıyorlar ve biz bir şeyi yanlış yapıyoruz" dediler. Bu düşünce, Osmanlı içinde yeni bir akım olarak başladı.

Son döneminde kendisinden rahatsız olan Osmanlı, yalnızca şehirli kesimiyle değil köylüsüyle de bu rahatsızlığı yansıtıyordu. Köylünün rahatsızlığını, askere çağrıldığında askerden kaçmasından izleyebiliriz. Artık devletine inancını kaybettiğinden, devletin "yap" dediği bir şeyi yapmak istemiyor, devleti aldatmaya çabalıyor, vergisini vermemeye, çocuğunu askere göndermemeye çalışıyordu. Rahat olmadığını bu şekilde belirtiyordu, bunu başka türlü ifade edecek bir imkanı da yoktu, çünkü bilgisi ve görgüsü ancak böyle bir tepkiye imkan veriyordu. Teselli bulduğu tek şey din olduğundan hurafeye kapandı, kendi kendine yalan söyleyerek avunmaya çalıştı.

Atatürk'ün bir asker olarak bütün bunları görmesi, köyden gelen, şehirden gelen pek çok gencin elinden geçmiş olması nedeniyle çok doğaldı. O bir piyadeydi ve dolayısıyla askeriyenin en kalabalık birliklerinin elinden geçtiği bir komutandı. Üstelik bu insanları, çok çeşitli yerlerde görmüştü: Kuzey Afrika'da, Arabistan Yarımadası'nda, Kafkasya'da, Çanakkale'de, Rumeli'de, Makedonya'da... Dolayısıyla Atatürk, Osmanlı İmparatorluğu'nun halk kesitlerini çok iyi tanıyan bir insandı.

Bu yüzden mevcut imkanlarla ve zihin yapısıyla Osmanlı İmparatorluğu'nun ilerlemesinin mümkün olmadığına kanaat getirdi ve ilericiler safına katıldı. Fakat bunu yaparken de kendisiyle aynı cephede yer alanlardan farklı bir üslup hayata geçirdi. Eleştirel bir düşünürdü, hazırcı değildi, başkalarının yöntemlerini ve/veya yol haritalarını olduğu gibi tatbik etme taraftarı değildi. Muhtelif yöntemlere ve yol haritalarına baktı ve seçici bir yöntem izledi. Bazen aradıklarını bulamadı, yeni bir şey icat etti, bunu denedi. Toplumunda bunun başarısız olduğunu görünce hemen vazgeçti. "Yenisini deneyelim" dedi. Bu,ilk bölümde de vurguladığım gibi çok bilimsel ve akılcı bir yaklaşımdır.

Tekrar vurgulamak gerekirse, Atatürk, dünyada bir tane medeniyet, uygarlık olduğuna inanıyordu. Bu inancının neye dayandığını anlamak için özellikle medeniyetin ne olduğu üzerinde durmalıyız. Medeniyet, "Şehir içerisinde toplu yaşama becerisi" diye tarif edilir. İngilizcedeki "Civilisation" ifadesi de buradan, yani hemşehri kavramından türemiştir. Sivil, şehirde yaşayandır. Arapça "medeniyet" medine kelimesinden gelir ki, onun da anlamı şehirdir. Bizim bildiğimiz Medine'nin ise esas adı "Medine el münevvere", yani aydın şehirdir ve bu ad kendisine Peygamber Muhammed'i ve onun dinini kabul ettiği için İslamiyet'in ortaya çıkmasından sonra verilmiştir; İslam'dan evvelki adı Yatrib'di. Dolayısıyla Arapça köken anlamıyla da medeniyet "şehirde yaşayan insanların kültürü" demektir. Bunun yanı sıra bir de "kültür" olgusu var ve kültür, zannedildiğinin aksine, sadece insanlara özgü bir olgu değil. Mesela şempanzeleri inceleyen etologlar, yani davranış bilimciler, şempanzelerde de bir kültür olduğundan söz ediyorlar. Şempanzelerin belli ritüelleri, ayinleri ve kalıplaşmış davranışları var: Yavrunun anneyle ilişkisi, dişilerin erkekle ilişkisi, erkeklerin birbirleriyle ilişkileri... Yeni yeni keşfediyorlar ki, şempanzeler bazen bir araya gelip bir başka şempanzeyi linç ediyor. Dolayısıyla şunu söyleyebiliriz: Her toplumun bir kültürü var, fakat her toplum medeni değildir. Bunun yanında, birkaç istisnayı hariç tutarsak, her toplumun artık şehirde yaşamayı başarmış olduğunu biliyoruz, dolayısıyla şehirde yaşamak artık bir marifet değil. Bu yüzden şehirde yaşamak ve birlikte yaşamak birbirlerinden farklıdır. Sürüler de toplu yaşayabiliyorlar ama birlikte yaşamıyorlar. Her biri, yanındakinden bağımsız olarak bir lidere, bir çobana bağlıdır. Herkes davranış olarak yanındakinin yaptığını taklit eder. Liderin "yap" dediğini yapar, "gelin" dediği yere gider. Kendisi liderini göremediyse arkadaşı o lideri görmüş olabileceği için arkadaşına bakar, onu takip eder.

Oysa bir de birlikte yaşayanlar vardır. Her biri birer birey olan bu insanlar, çeşitli konularda farklı düşünseler de bir arada yaşayabilirler; birbirlerini taklit zorunluluğu yoktur. Çünkü düşünce farklılıklarını konuşarak, eleştirerek asgariye indirebilirler. Bunu gözlem yaparak başarırlar. Anlaşamadıkları konularda ya gözlem yaparlar, birisi ötekine "Sen şöyle diyorsun ama bu böyle değil, sana göstereyim" der, öteki de kendi gözleriyle görür, "Evet, haklısın" der. Ya da gözleriyle göremediği bazı alanlardaysa, mesela göremediği elektriğin etkilerini ortaya koyan bir deney izler ve yanındakinin gördüğünü kendisi de görür. "Evet, haklısın" der. Ya da mantık yürütür. Ama mantık konusunda mevzu çatallanıyor, çünkü "mantıkta çelişki kabul edilebilir mi, edilemez mi?" gibi çetin bir soru çıkıyor karşımıza.

Her ne kadar Hegel'den bu yana çelişkinin kabul edilebileceği söylense de bunun esasen mantıki bir zırvalık ve kabul edilemez olduğunun altını çizelim. Açıkça söylemek gerekirse, bir şey hem öyledir hem de öyle değildir olamaz. Dolayısıyla, mesela Marksistlerin ileri sürdüğü "Her şey kendi içinde çelişir" ifadesi ilk bölümde gördüğümüz gibi bizi mantıki bir zırvalığa götürür. Bu yüzden işin içine mantık girdiği zaman, gözlemde olduğu gibi "İki artı iki dört eder" denilemiyor. Oysa biraz kafayı çalıştıran insan, çelişki ilişkisinin mantıkta olamayacağına kanaat getirir. Bütün bunlar şunu gösteriyor: Biz gözlemi kullanarak, mantığı kullanarak, gözlem ve mantıktan istifade edip bilgiye ulaşarak bir arada yaşamaya çalışıyoruz.

Ve ahlak. Birlikte yaşamaya çalışırken ortaya çıkan "ahlak" olgusuyla ilgili hep "Ahlak bilime dayandırılamaz" denildi. Peki, neye dayandırılır? Bu sorunun cevabı yok ve bu anlayış kesinlikle doğru değil. Çünkü "Ahlak bilime dayandırılamaz" demek, aynı zamanda "Ahlakın hiçbir temeli yoktur" demektir.

Peki, ahlakın temeli din olabilir mi? O da mümkün değil, çünkü din başka bir adamın lafıdır. Birileri çıkmış, o dinin otoritesini sağlamak için bir şeyler söylemiş. "Bana bunu birileri söyledi, bizi yaratan söyledi" demiş. Peki, bu birileri bunları bana niye söylemiyor? Bu yaratan bu kadar güçlüyse niçin bir elçi kullanıyor? Hepimize tek tek söylesin rahat edelim. Dolayısıyla dinin ahlakın temeli olması söz konusu değildir. Gazali,

"Nedenselliği temellendiremiyoruz, o zaman vahiye inanalım" derken ve nedenselliği temellendiremezken, vahiy dediği şeyin de nihayetinde bir adamın lafı olduğunu düşünmüyor; peki bu lafa nasıl inanıyor? Kendi gözüyle gördüğünü temellendiremiyor ve bir başka adamın lafına sığınıyor. Olacak iş değil bu. Ben tanrının elçisiyim, ruhlarla konuşuyorum, gökyüzünden mesaj alıyorum, tanrının oğluyum vs. Bunları bugün söyleyen biriyle karşılaşıldığında ilk yapılacak iş bir psikiyatrı aramak olur. Zaten aklı başında insanlar bu tür iddialarda bulunanlara artık akıllı bir insan muamelesi yapmıyorlar. İlk Çağın büyük medeniyetinin temsilcisi Roma'da da bu böyleydi. Mesela Judea'nın Roma genel valisi Pontius Pilatus da, İsa'ya öyle muamele etmiş, kendisiyle akıl çerçevesi içinde bir anlaşmaya varmanın mümkün olmadığını görerek eyaletteki asayişin zarar görmemesi adına onu Yahudi cellatlarına teslim etmiştir.

Bence güzel bir noktaya geldik. Peki, Yunan'da neden peygamber çıkmıyor? Her ne kadar birkaç peygamberlik heveslisi olmuşsa da orada da, Yunanlı, "Bak kardeşim bu dediğin zırvalık vs." diyerek bu iddiaları reddetmiş. Yunanlının bu peygamberlere zırva diyebilmesinin sebebi, Yunanlının ilk bireysel eleştiriyi icat etmesiyle ilgilidir. Bireysel eleştiriyi icat eden, daha doğrusu bunu sistemli bir hale getiren bu insanların kim olduğunu biliyoruz: Thales ve Anaksimander. Bunların şöyle bir iddiaları var: "Fırtına çıktığı zaman Zeus yaptı diyoruz, deprem olduğu zaman Poseidon yaptı diyoruz, bunlara mani olmak için Zeus'a büyük boğalar, Poseidon'a atlar kurban ediyoruz ama bu felaketler durmuyor. O halde bu işte bir keyfilik var. Sağlık tanrısı Asklepios bazı hastaları iyi ediyor, bazılarını etmiyor. Sokrates ölüme giderken; "Ben bu hayat denen hastalıktan kurtulduğum için Asklepios'a bir horoz kesiverin" diyor. O halde, "Horoz kesen ile kesmeyen arasında bir fark olmadığına göre, ortada keyfi bir durum var."

Thales, Mısır seyahatinde müthiş bir keşifte bulunarak, Nil Nehri'nin baskınlarına mani olabilmek için kadastro ustalarının benzer üçgenler gibi belirli kurallar dahilinde hesap yaptıklarını görmüş. Kadastro ustalarına bildiklerini nasıl öğrendiklerini sormuş, "Ustalarımızdan" cevabını almış. "Peki bunun bir kitabı yok mu?" diye sormuş, "Yok" demişler. Thales burada şunu fark ediyor: "Bu ilişkiler her yerde doğru, nerede benzer üçgen varsa aralarındaki ilişkiler aynı. Kesin bir doğruluk var ve tanrıya sormadan bunları kendi başımıza öğrenebiliriz. Demek ki, tanrılara kurban vermeden, tanrılara yakarmadan gerçeğe ulaşabiliyorum." Çok büyük bir keşif bu. Teoremleri ispat etmeye başlamış ardından. Sonra arkadaşı Anksimander'le birlikte, "Öteki soruları da böyle cevaplandırabilir miyiz?" sorusunun peşine düşmüşler. Fırtına niye oluyor, deprem niye oluyor, insanlar niye ölüyor? Sonra fark ediyorlar ki, bu soruların cevapları geometrik soruların cevabına benzemiyor, çok karmaşık bir sistemin gözlemine dayanıyor. Fakat sonsuza kadar gözlem yapmaları mümkün değil, dolayısıyla "Gözlem yapalım ardından da bu gözlemlerle tutarlı bir hipotez, varsayım ortaya atalım" demişler. Tesadüfen doğruyu bulabiliriz, bulamasak dahi varsayım, gözlemlerimizi yönlendirir, başka yerlere gideriz. Dolayısıyla ilk defa eleştirel bir güçle bilgi edinmeye başlamışız. Daha önce sorduğumuz gibi, ahlak buna dayanır mı, dayanmaz mı? Toplumu bilimsel olarak incelediğimiz zaman en önemli ve altın kuralın şu olduğunu görüyoruz: "Kendine yapılmasını istemediğini başkasına yapma." Bu kural üzerine bir ahlak inşa edilmeye çalışılmışsa da bunun yetmediği görülmüş. Çünkü insan kendisine yapılmasını istemediği şeyi başkasına yapmamayı düşünüyorsa da yapmayı da çok istiyor. Bu yüzden ilave kurallar icat etmeye başlanılmış. Mesela, "O benim babamı öldürdüyse ben de gidip onun babasını öldüreyim" gibi. Bir adam birini öldürdü, o birinin ailesinden biri onun çocuğunu öldürdü, böyle devam eden bir kan davası ortaya çıkıyor. Mesela Tevrat buna izin veriyor: "Göze göz, dişe diş." Bu, her ne kadar yanlış bir anlayış olsa da o dönem insanlarını tatmin ediyor. İnsan kötü bir işi ahlakın içine çekmeye çalışıyor ve bunu yaparken de arkasına Tanrı dediği hayali varlığın otoritesini alıyor. Ama sonra bunun da iyi bir yere gitmediği görülüyor ve değişik şekillerde sınırlamaya çalışıyorlar. "Babamı öldüren bu alçağı ben öldürmeyeyim, ama bir hakim öldürsün, hadiseler bizden bağımsız gelişsin," ve böylece idam cezası icat ediliyor. Sonra bakıyorlar ki idam cezası da bir işe yaramıyor. Bu şekilde hukuk dediğimiz kurallar gelişmeye başlıyor. Hukukun ilk otoritesini hep dinler sağlamıştır. Fakat bunlar bilimsel temelleri olmadığı için insanları yanlış yere götürüyorlar. Mesela bir engizisyon mahkemesini düşündüğünüzde, suçlu olduğunu varsaydıkları bir kişiden işkenceyle itiraf alıyorlar, sonra da bunu yapan bir papaz olduğu için Allah söyletti diyorlar. Tabii böyle bir zırvalığın, böyle bir zulmün toplumda uzun süre kabul görmesi mümkün değildir ve olmamıştır da.

Atatürk çok okuyan bir insan olarak, şu aksaklıkların pek çoğunu tespit etmiştir: Dinin getirdiği aksaklıklar, padişaha bağlılığın getirdiği aksaklıklar, aile içi yapılanmanın getirdiği aksaklıklar, birden fazla kadını eş olarak almanın getirdiği aksaklıklar vs. Bunların temizlenmesi için dünyanın en ileri medeniyeti Batı medeniyetine benzememiz gerektiğini görmüştür. Fakat bu medeniyeti aynen almak yolunu seçmemiştir, mesela kanunları Fransa'dan, İsviçre'den ve başka bazı ülkelerden olmak üzere farklı kaynaklardan almıştır. Medeniyet olarak tanımladığı olguya dahil olmamız gerektiğini düşünmüş ve medeniyeti de şöyle tanımlamıştır: "İçindeki insanların kişisel otoriteye bağlanmadan birbirleriyle birlikte yaşayabildikleri bir toplum, medeni bir toplumdur." Yani, bir padişaha, bir halifeye, bir peygambere bağlanmadan yaşanılabilecek bir toplum yaratmak lazım. Takdir edersiniz ki, bunu sabahtan akşama tesis etmek mümkün değil. Evet, Atatürk bir diktatördü diyoruz. Niçin bir diktatördü? Bu, ilaç almayı reddeden hastaya, tedaviyi reddettiği için ilacı zorla vermek gibidir. Hatta bir adamı intihar ederken engel olabilecekken seyretmeyi tercih etmiş biri görülürse dolaylı olarak bir ölüme sebep olmaktan cezalandırılır. Atatürk problemlerin tespiti ve çözüm yolları hakkında diğerlerinden çok daha akılcı ve "doğru" tespitleri olduğuna inanıyor ki, bu doğru. Atatürk, bu toplumun ekseriyetinden daha iyi düşündüğünün farkındaydı.

Peki, ekseriyet her zaman doğru mu düşünür? Hayır. Ekseriyet genellikle doğru mu düşünür? Yine hayır. Ekseriyet her zaman veya genellikle doğruyu bulabilseydi Galilei'yi dinlerdi. Ama tam tersi oldu, adamı hapse attılar, süründürdüler. Hatta o kadar ki, Galilei ekseriyetin bazı üyelerine, "İşte teleskop burada, inanmıyorsan kendi gözlerinle gör, bak" diyor. Mesela Galilei'nin aynı zamanda arkadaşı olan, kardinal Roberto Bellarmino ne diyor? "Bakmam, onun içinde şeytan var" Bellarmino esasen biliyor teleskopun içinde şeytan falan olmadığını, fakat sırtında taşıdığı kırmızı renkli kardinal pelerini doğruyu görmek istemesine mani oluyor. Oraya baktığı an o pelerinin bir anlamı kalmayacağını biliyor ve "Toplumun düzeni buna dayalı, birden bire yıkamayız" diyor. Onun için Galilei'ye "Kapa çeneni" diyorlar. Fakat yalanla nereye kadar yol alırız? Atatürk kendisini toplumu yalandan, bin senelik alışkanlıklardan kurtarmakla mükellef addediyor adeta.

Çocuk küçük yaşlardan başlamak suretiyle Kur'an mektebine gidip, anlamını bilmediği Arapça sesler ezberleyeceğine (İtalyanca bilmeyen bir çocuğa İtalyanca Tommiks ezberletildiğini düşünün—bu onun için hiçbir şey ifade etmeyecektir) inanıp, inanmayacağına kendisi karar versin. Önce bir okusun, okuma-yazma öğrensin, dil öğrensin, biraz dünyayı tanısın... Sonra, bütün tabiplerin de hemfikir oldukları, akılcı düşünmeye başlanabildiği, rasyonelitenin tamamlandığını sandığımız dönem olan on sekiz yaşında yapsın bunu. Yani, çocuk okuma-yazma bilecek, kimya, fizik okumuş olacak, tabiat bilgisi okumuş olacak, dünya hakkında bir kanaati olacak, sonra inanıp inanmamaya karar verecek. "Çocuklara bu hürriyeti vermemiz lazım" diyor Atatürk. Bu yüzden, dine dayalı eğitimi kaldıralım, çünkü doğru olduğu tespit edilemeyen, hatta yanlış olduğunun pek çok ispatı olan bir sürü şey çocuğa çok erken yaşlarda öğretiliyor ve onun hayatında adeta vazgeçilmez kılınıyor. Benim de böyle birçok dindar bilim adamı arkadaşım var. Bakıyorum, hepsi çok küçük yaşlarda şartlanmış. Bundan bir türlü vazgeçemiyorlar.

Atatürk toplumu pek çok şartlanmadan vazgeçirerek birlikte yaşayabilen bir topluluk haline getirmek istedi. Diyor ki, bu topluluk bir süre sonra artık birbiriyle anlaşmak suretiyle birbirini öldürmeden, birbirinin inançlarına, birbirlerinin düşüncelerine saldırmadan yaşayabilir, ama birbirlerinin düşüncelerini medeni bir şekilde eleştirebilir de. İşte biz buna medeniyet diyoruz. Toplumu oluşturan bireyler her şeyden önce kendi rızalarıyla bir araya gelsinler ve her konuda aynı fikirde olmasalar bile bir birlikte yaşama iradeleri olsun. Bunun için bir temel kurmamız lazım, bu temelin de en önemli ayağı bilgidir. "Dünya hakkında bilgi sahibi olmamız lazım" diyor. O dönemin Osmanlı İmparatorluğu'na şöyle bir bakalım: Mesela, Osmanlı İmparatorluğu'nda arkeolojik çalışmalar var, Osman Hamdi Bey dışında bir tane Türk yok aralarında. Bütün çalışmaları yabancılar yapmış. Jeolojiye bakalım, bir tane adamı yok. Oysa İngiliz İmparatorluğu jeolojinin önemini anlamış 1835'te bir jeoloji servisi kurmuş. Bütün dünyanın "büyük", bir tek Türklerin "deli" dediği Rus Çarı Pedro'ya bakalım, 1700 tarihinde jeoloji servisi kurmuş, henüz jeoloji bilimi ortaya çıkmadan. Neden? Madenleri var ülkenin. Bu madenleri akılcı bir şekilde yönetmenin gerekliliğini görmüş ve esas işi aslında bugün jeoloji dediğimiz bilimi yapmak olan bir madenler bürosu kurmuş.

Şimdi Atatürk'ün yapmak istediği, medeniyetten kastı, birbirinin fikirlerine tahammül edebilen, birbirinin fikirlerini eleştirerek, gözleme, mantığa dayanarak eleştirerek geliştirmeyi bilen bir toplum yaratmak. Bunun için de Atatürk'ün önündeki otoriter sistemi ortadan kaldırması lazım.

Fakat paradoksal bir şekilde bunu yapabilmek için kendisi de bir dayatmada bulunmak zorunda. "Yanlışın üzerinde ısrar etmenize izin vermeyeceğim" diyor. Peki, yanlış olduğunu nereden biliyor? Sırf o değil ki, aklı başında herkes biliyor bunu. Yani, Kızıldeniz'in bir asa ile yarılmadığını, Nuh Tufanı'nın olmadığını, Adem ile Havva'nın rüzgar eserek, çamurdan yaratılmadığını vs. herkes biliyor. Atatürk şunu söylüyor: "Bu hurafelerin üzerine bir toplum bina edemeyiz. Sen buna inanmak istiyorsan inanabilirsin, ama bunu dayatmana müsaade etmeyeceğim. Sizin dayatmanızdır ki, toplumu felakete götürdü, çürüttü, yok etti. Ben bu çökmüş toplumun çocuğuyum, yeni nesillerin bu felakete doğmasına müsaade etmeyeceğim."

***

Liderler nasıl ortaya çıkarlar? Kuşkusuz Atatürk de bir fanustan çıkmadı. Belirli şartlar Atatürk'ü kendini ortaya atmaya zorladı. Osmanlı İmparatorluğu'nun peş peşe başına gelen felaketler üzerine Atatürk de bir subay olarak, hatta askeri öğrencilik yıllarından başlayarak "Ne yapabiliriz?" diye düşünmeye başlamıştır.

Profesör Wilhelm Liepmann'ın hatıralarından, daha doğrusu, oğlu Profesör Wolfgang Liepmann'ın hatıralarından bahsetmek istiyorum.

Sosyal demokrat bir Alman olan Wilhelm Liepmann 1927 senesinde, Naziler iktidara gelmeden, Almanya'nın kötüye gittiğini fark edip İsviçre'ye yerleşir. Almanya dışında bir yerlerde iş ararken daha sonra, Atatürk'ün İstanbul Üniversitesi için yabancı hoca aradığını öğrenir ve Türkiye'ye gelir. Wilhelm Liepmann, Türkiye'de jinekolojinin kurucusudur. Oğlu Wolfgang Liepmann da babası üniversitede hocayken İstanbul Üniversite'sine başlar, bir müddet burada okuduktan sonra yurtdışına gider, tahsiline Almanya'da devam eder, ardından da Amerika Birleşik Devletleri'ne göç eder ve dünyanın sayılı uçak mühendislerinden biri olur.

Wolfgang Liepmann'ın hatıralarında mealen şöyle bir ifade var: "Her insanın hayatında bir çatallanma dönemi vardır, bizim ailedeki çatallanmanın başında da Çanakkale Savaşı vardır. Zira, Çanakkale Savaşı Mustafa Kemal'i yarattı, Mustafa Kemal de bizim aileyi kurtardı."

Liepmann'ın, Çanakkale Savaşı'nı ele alma sebebi ise, Çanakkale Savaşı'ndan önce Atatürk'ün göze batan bir başarısının olmamasıdır. Sürekli olarak problemleri görüp, bunları çözmek isteyen rahatsız bir insan var ama ele alabildiği bir şey yok ortada. Fakat Çanakkale Savaşı'nda Atatürk ilk defa kendini ispat etti ve savaş, hakkında, "olağanüstü bir komutan" gibi yorumlar yapılmasına vesile oldu.

Bununla ilgili bir anekdot aktarayım: Liman von Sanders, Enver Paşa'ya bir terfi listesi gönderiyor, listede Mustafa Kemal de var ama Enver, Mustafa Kemal'i Paşa yapmak istemiyor. Enver, "Bu Mustafa Kemal'i paşa yaparsın, sadrazam olmak ister; sadrazam yaparsın sultan olmak ister; sultan yaparsın Allah olmak ister" der. Bunun üzerine Liman von Sanders Enver'e çok kızmış ve kişisel bir mektup yazmıştır. Enver, bunun üzerine Mustafa Kemal'i paşalığa terfi ettirmek zorunda kalmıştır.

Nihayetinde milletin zihninde Anafartalar kahramanı Mustafa Kemal Paşa olarak yer etti Atatürk. Sonra Birinci Dünya Harbi'ni kaybettik, harbi kaybetmekle kalmadık, Sevr Antlaşması'nı imzaladık. Sevr Antlaşması'na göre, Anadolu'nun ortasında bize bir avuç yer kaldığını gören Atatürk, "Beyler, bu kabul edilemez. Biz esir olarak yaşayamayız" dedi.

Tabii bu aynı zamanda Mustafa Kemal için bir fırsat. Eğer milletini bağımsızlığına kavuşturabilirse milletinin gözüne girecek, o zaman da milletinde gördüğü tüm hastalıkları tedavi etmek için bir fırsat doğacak, milletine istediklerini daha kolay yaptırabilecek.

Bazı arkadaşlarıyla konuşmuş, zihnindekilerden, yapmak istediklerinden, projelerinden bahsetmiştir. Bu arkadaşlarının bir kısmı sadece ona güvendikleri için "Tamam Paşam, yapalım" demişler, ama Mustafa Kemal'in söylediklerinin gerçek olabileceğine, hayat bulabileceğine tam da inanamamışlardır. Mesela, Anadolu'ya giderken İsmet Paşa'yı arayıp kendisiyle birlikte gelmesini istemiştir. İsmet Paşa "Daha yeni evlendim" cevabını vererek bu daveti reddetmiştir. Bu cevabın arkasında şu vardır aslında: "Ne olacağı belli değil, ihtiyatlı davranayım." Bu da zaten İsmet Paşa'nın hayatı boyunca güttüğü "yoğurdu üfleyerek yeme" politikasıdır. Fakat Mustafa Kemal öyle değil, kendisini bir konuda ikna ettiği zaman o işin peşine düşebilen bir insan.

Ve Anadolu'ya gitti. Planı şu; diyor ki, "Ben Anadolu'daki ahaliyi bir şekilde teşkilatlandıracağım, bunu yapabildiğim takdirde büyük bir yol alabildik demektir, zira müttefikler harpten bıkmış vaziyetteler; artık harp etmek istemiyorlar. Dolayısıyla Anadolu'da kalanları temizleyebilirim. Rusya zaten sorun değil. Rusya'yla bir çeşit ortaklık bile tesis edebiliriz, zira Rusya da müttefiklere karşı hale geldi."

Kendisi müttefiklerden olduğu halde 1917'deki Ekim Devrim'inden sonra İngilizler, Lenin'in kurmak istediği devlete karşı savaşan Beyaz Rus Ordusu'na muazzam destek vermişler. Dolayısıyla, Atatürk, "Biz İngilizlere karşı Ruslardan istifade edebiliriz" diye düşündü. Lenin'in yeni kurduğu devletin düşünce temellerini doğru bulmadığı için komünizme karşıydı. Ama bunu asla açıklamayıp onlardan istifade etmek yolunu seçti.

Anadolu'da ilk yaptığı iş, 9. Ordu Müfettişliği'nin verdiği geniş yetkilere dayanarak (ki bu yetkilerin kendisine verilmesini bizzat istemişti) erişebildiği her taraftaki komutanlara telgraf çekmek oldu. Onlara şunu söyledi: "Elinizde ne kadar asker varsa olduğunuz yerde kalın, kati surette silahları teslim etmeyin, asker terhis etmeyin." Bu komutanlar, Atatürk'ün başarılarını bilen

Tuğgeneral Mustafa Kemal.

insanlar, onlar da bir şeyler yapmak istiyorlar ama cesaretleri ve hayal güçleri yetmiyor. Atatürk, bu haberleri gönderdiği zaman kendisi henüz tuğgeneraldir.

Sonra Erzurum'a gitti. Erzurum'da Kazım Karabekir Paşa karşıladı kendisini. İstanbul'dan gelen emri gösterdi, "Paşam sizi tevkif etmek zorundayım" dedi.

Bu hikâyenin iki değişik versiyonu var.

Bizim ders kitaplarımızda da okutulan şöyle: Kazım Karabekir Paşa, Atatürk'ü karşıladığında "Emrinizdeyim Paşam" dedi.

Bir de Armstrong'un *Bozkurt* isimli kitabında anlattığı versiyon var. Orada anlatılan hikayeye itibar edersek olayın az evvel anlattığımız şekilde tezahür etmediğini anlıyoruz: Kazım Karabekir Mustafa Kemal Paşa'yı karşılar, İstanbul'dan gelen emri gösterir, "Sizi tevkif etmek zorundayım" der. Mustafa Kemal de, "Peki, ama önce bir konuşalım" der, odaya girerler çıktıktan sonra herkesin gözü önünde Kazım Karabekir, "Emrinizdeyim Paşam" der.

Bunu çeşitli şekillerde yorumlamak mümkün ama şu açık: Atatürk Kazım Paşa'yı ikna etmiş. Kazım Paşa, Atatürk'ün anlattıklarının olabilirliğine inandı ve "Ben de bu işin içindeyim," dedi. Ben Armstrong'un anlattığı versiyonun daha akla yakın olduğu kanaatindeyim.

Söylediğim gibi, Mustafa Kemal bu işe soyunduğunda rütbesi tuğgeneral. Beraber çalışacağı bazı komutanlar kendisinden rütbeli. Burada bir problem var. Hareketi padişah yönlendirebilir, fakat böyle bir niyet kesinlikle söz konusu değil. İkinci bir yol olarak da hareketi halk yönlendirebilir.

Mustafa Kemal, "Bu hareketin başarılı olabilmesinin tek yolu, bunu halka mal etmek. Halk bunu ben istedim, bu benim

Mustafa Kemal Sivas Kongresi günlerinde Yarbay Cemil Cahit ile birlikte.

eserimdir demeli." dedi. Bunun için önce Erzurum, sonra Sivas kongreleri yapıldı. Sivas Kongresi'nden sonra Ankara'ya geldi ve Millet Meclisi'ni toplama çalışmalarına başladı.

İlk defa "Büyük Millet Meclisi" kavramını ortaya atarak "Milletin temsilcileri gelecek" dedi. Osmanlı Meclis-i Mebusanı'ndan Malta'ya sürülenlerin haricinde Anadolu'ya kaçanları topladı. Bir de, takdir edilebilir ki, seçim yapmak imkân dahilinde değil, Anadolu'nun çeşitli yerlerindeki müdafaa-i hukuk cemiyetlerinden Ankara'ya temsilci gönderilmesi istendi. Nihayetinde, Ankara'da milleti temsil eden ve hakikaten herkesin milleti temsil ettiğini düşündüğü bir ekip oluştu.

Bu ekibin içinde her türden adam var. Şeyhi de var, ağası da var, paşası da var, tüccarı da var. Halkı tam temsil eden bir grup var. Atatürk bu gruba mealen şöyle der: "Beyler, başımız dertte. Bugüne kadar başımız derde girdiği zaman padişah efendimiz karar verirdi, ona göre karar alınırdı. Devlet bir şeyler yapardı, millet yapmazdı. Şimdi padişah efendimiz esir, herhangi bir şey yapması mümkün değil, dolayısıyla biz millet olarak saltanatın selametine kadar mesuliyeti üstümüze almak zorundayız."

Güzel bir taktik. "Her şey bizim elimizde, siz ne yapmayı düşünüyorsunuz?" Fakat onların ne yapmayı düşündüğünü dinlemeden, benim aklımda şunlar var dedi ve anlattı. Yani, bir belirsizliğin tezahür etmesine mâni oldu. Burada da diktatörlüğü ortaya çıkar Atatürk'ün. Ama Atatürk'ün diktatörlüğü, dehanın diktatörlüğüdür. "Ben böyle istiyorum," demek yerine "Efendiler şöyle bir teklif var," dedi, efendiler de kabul etti.

Ondan sonra Atatürk'ün başına birtakım dertler de gelmiyor değil. Mesela, Malta'ya sürülen bazı Osmanlı mebusları Ankara'ya gelerek "İkinci Grup" olarak anılan muhalif grubu kurdu. Bu muhalefet askerlerin epeyce canını sıktı. Zira askeriyenin yöntemi her yerde aynıdır: Bir komutan vardır, o komutan emreder, emrindekiler de yerine getirir. Mustafa Kemal'e bu muhalefet hususunda, bunun dayanılabilir bir şey olmadığı belirtilerek Meclis'in lağvedilmesi teklif edildi. Mustafa Kemal bu teklifi kati suretle reddetti. "Meclis olmadan tek adım atamayız" dedi ve bir manada etrafındakilere "Siz onları bana bırakın, ben onlarla uğraşırım" dedi.

Atatürk, Meclis'teki her oturumu detaylı olarak planlardı. Satranç oynar gibi, karşısındakinin ne hamle yapabileceğini de öngörerek... Meclis'te muhalif grupla sürekli böyle bir taktik muharebenin içinde olmak zorunda kaldı ve, her zaman olmasa da, genellikle istediğini aldı. Mesela Meclis'ten başkumandanlığı uzun zaman alamadı.

Mustafa Kemal, Meclis'i iki defa ciddi ama üstü kapalı bir şekilde tehdit etmiştir: Birincisi, başkumandanlık tartışmaları sürerken "Orduyu başsız asla bırakmadım, bırakmıyorum, bırakmayacağım" demiştir. İkincisinde de saltanatla hilafetin ayrılıp ayrılmayacağına ilişkin tartışmalar sürerken, "Olur tabii, işin tabiatında var, olurken de bazı kelleler gider" demiştir. Kim götürecek o kelleleri, bu açıkça ifade edilmemiştir: Halk mı götürecektir, Meclis mi, yoksa Mustafa Kemal Paşa'nın bir emriyle ordu mu veya faili meçhul suikastler mi olacaktır? Bu belirsizlik içinde elbet bir suç da oluşmamıştır.

Meclis oluştuktan sonra yapılması gerekli olan savaşın planlanması masaya yatırıldı. Kazım Karabekir'in olduğu yerde sorun az, çünkü tek sorun Ermeniler. Ruslar sorun olmaktan çıkmış, hatta Ankara Hükumetine yardım ediyorlar. Atatürk, Ermenilere dışarıdan yardım gelmezse Kazım Karabekir Paşa'nın onları bertaraf edebileceğini gayet iyi biliyordu, dolayısıyla Kazım Karabekir'i bir müddet düşünmemeyi seçti, başının çaresine bakacağına hükmetti. Sorun Yunan işgali. Zaten 1915'te Yunanlıların İzmir'e çıkmaları büyük bir yıkım yaratmıştı millette. Bu yıkımın boyutu, Almanların Ren bölgesinin Birinci Dünya savaşından sonra Fransızlar tarafından işgal edilip askerden arındırılmasına ve Elsass ve Lothringen bölgelerinin de ilhak edilmesine benziyor.

Mustafa Kemal, memleketi Yunan askerinden temizlemenin yalnızca bir askeri başarı olmayacağını çok iyi biliyordu.

Karşısında iki grup düşman vardı. Birinci grup düşman Yunanlılar, İtalyanlar, Fransızlar vs. İkinci grup düşman ise, milletinin içinden çıkan, çoğunlukla İngilizlerin din propagandası yaparak azdırdığı isyancılardı. Mustafa Kemal, bu ikinci grup düşmanla mücadele için başlangıçta silahlı çetelerle işbirliği yaptı. Çerkez Ethem bunlardan biriydi. Çetecilerle işbirliği yapmak zorunda kaldı, çünkü bu çeteciler neredeyse düzenli ordudan kuvvetli durumdaydı. Fakat sonraları çetelerle işbirliği yaparak memleketi selamete kavuşturmanın imkansızlığını, çetelerle işbirliğine devam edilmesi halinde savaş baronlarının oluşacağını görerek, Meclis'in kontrolünde düzenli bir ordu kurulması için çalıştı. Bu elbet belirli bir disiplin gerektiren bir durum ve zamanlama da hayati bir önemi haiz.

Mustafa Kemal burada o kadar dikkatli bir denge güttü ki, zamanı gelmeden hiçbir adım atmadı, zamanı gelmeden hiçbir tedbiri diğerlerine söylemedi. Mesela, Birinci ve İkinci İnönü Savaşları yaşandı, ardından Kütahya-Eskişehir Muharebesini kaybettik. Büyük bir moral çöküntüsü başladı. Mustafa Kemal'in büyük marifetlerinden bir tanesi de çizdiği hedefe giderken o hedefe giden yol üzerinde bazı aksaklıkların olabileceğini öngörmesi. Nihayetinde insanlarla uğraşıyorsunuz. İnönü, harbi kaybetmesinin ardından, çadırında Atatürk'ü görünce "Her şey bitti" demiştir. Bütün ümidini kaybetmiş. Atatürk ise gülümseyerek "Déjà kazandın" yani, "Şimdiden kazandın" der.

İnönü henüz "Bu adam ne diyor" demeden, yani moralman kaybetmiş olan İnönü'nün düşünmesine fırsat vermeden Atatürk, "Hemen haritaları açın" demiştir. Zihninde ne yapması gerektiği zaten var. Bana sorarsanız haritaları açtırması dahi İnönü'ye moral vermek için yapılmış psikolojik bir hamle. Güya orada İnönü'yle tartışacaklar, orduların durumu ne, nereden taarruz edelim, nerede savunma yapalım vs. İnönü anlatıyor: "Şu kadar adam kaçtı, şu kadar mühimmat var" vs. Mustafa Kemal araya girerek, "İsmet, orduyu Sakarya'nın gerisine çek" der. Bu, orduyu yüz kilometre geriye çekmek demek. İnönü telaşla, "Peki" der, Eskişehir ile Ankara arasındaki alanı işaret ederek, "Buraları ne yapacağız, milleti burada nasıl bırakacağız?" Bunun üzerine Mustafa Kemal, "İsmet" diyerek sözüne başlar, "Orduyu çekmediğimizi farz edelim, ne yapacağız? Yapabileceğimiz bir şey yok. Bak İsmet, sen oraya çekilirken Papulas ne yapacak, seni takip edecek. Yani bizim vatanımızın içine girecek. Yani, ikmal hatları uzayacak." Mustafa Kemal Anadolu'da yol olmadığını biliyor. "Halbuki ben" der Mustafa Kemal, "Memleketimin içine çekiliyorum. Bırak gelsinler. Onları vatanın harim-i ismetinde boğacağım." Yani onları girilmesine asla izin verilmeyecek özel namus alanımızda boğacağım. Zekice bir kelime oyunuyla İsmet Paşa'nın adı da kullanılarak söylenen bu sözler hem onu onore etmiş hem de ikna etmiştir. Nihayetinde ordu Sakarya'nın gerisine geri çekilmiştir. Atatürk Papulas'a Mareşal Kutuzov'un Napolyon'a oynadığı oyunu oynamıştır.

Meclis, Mustafa Kemal'e başkumandanlık yetkisi verirken iki motif dikkat çekiyor: Mustafa Kemal'i sevenler, ona güvenenler, "bu insan bunu yapabilir," diyorlardı. Mustafa Kemal'i sevmeyenler, ondan kurtulmak isteyenler ise, "Şu adam bütün mesuliyeti alsın, başarısız olsun da biz bunu asalım" derdindeydiler.

Atatürk bütün bunların farkındadır ve "Tamam, bütün mesuliyet benim" der. Bu arada Atatürk'ün sivil olduğunu da unutmamak gerekir. Golf elbisesine benzer bir kıyafetle gider cepheye. Bu şu demektir: "Beyler, komutan benim. Üniformam olsa da olmasa da komutan benim." Herkes de onu öyle kabul ediyordu zaten. Atatürk, Sakarya'ya geldiğinde muharebe başlar ve Türk birlikleri geri çekilir. Hatta o kadar geri çekilir ki, kuzey-güney olan cephe, doğu-batı hattına döner. Çünkü Papulas'ın niyeti cepheyi doğu-batı yapıp Ankara'ya yüklenip Türkleri Karadeniz'e atmak ve Anadolu'nun geri kalan kesiminin yolunu açmak. Bunu Türk kurmay heyeti de fark etmişti, fakat yapabilecekleri fazla bir şey yoktu.

Ufak ufak kaybetmekteyiz harbi. Bunun üzerine Mustafa Kemal duruma baktığında olan bitenin şu olduğunu gördü: Bir birlik şiddetli baskı altında geri çekilirken, onun yanındaki birlik biraz daha az çekiliyor, onun yanındakiyse daha çok çekiliyor. Dolayısıyla düzensiz bir geri çekilme var.

Normal meydan muharebesi kitaplarında Birinci Dünya Harbi'nin sonuna kadar şu görüş hakimdi: Geri çekilme başladığı zaman bunun bir ricat (geri kaçma) haline dönmemesi için orduyu cephenin uzunluğuyla mütenasip geri çekmek lazım ki, tekrar bir hat kurabilesin. Hattı müdafaa ediyorsun, hattı kaybettiysen, yeni bir hat kurman lazım.

Mustafa Kemal böyle bir şeyin şart olmadığını görmüştür ve bunu "Biz hattı değil (yani bir çizgiyi değil) , vatanı müdafaa ediyoruz. Dolayısıyla her birlik müdafaasını kurabildiği yere kadar çekilsin, daha fazla gitmesin. Sathı (yani yüzeyi) müdafaa edelim. Bırakalım Yunanlılar aramızda dolaşsın" diye ifade eder.

Bu şekilde bir meydan muharebesi, her ne kadar Waterloo'ya biraz benzese de, o zamana kadar yapılmamış bir şey. Papulas şunu bekliyor: "Türk cephesi yarıldı. Şu kadar yerden yarıldı. Biz ne kadar içeri girdik, demek ki Türk Ordusu şu kadar kilometre geri çekilecek, onu bekleyelim."

Ama Türk Ordusu geri çekilmiyordu. Papulas'ın asabı bozulmaya başlar, değişik bir oyun oynandığını fark eder, fakat bunun ne olduğunu anlayamaz. Mustafa Kemal, adamın kafasını karıştırır, psikolojik bir baskı kurar ve Papulas başarılı hücumlar yaptığı halde bir türlü istediği neticeyi elde edemez. Çünkü Atatürk buna müsaade etmez.

Papulas başarısız olduğunu düşünmeye başlar. Halbuki ısrar etse kazanacak. Sonunda, "Sakarya'nın gerisine çekilelim" emrini verir. Birlik kaydırmaya başlar. İşte o meşhur olay bu sırada cereyan eder. Eylül ayında, harbin bitmesine 5-6 gün kala Mustafa Kemal, kırık kaburgalarıyla yatağındayken, İsmet Paşa da aynı odada sandalyede uyuklar. Bir binbaşı gelir, istihbarat raporlarını okur: "Efendim bizim aldığımız raporlar şunlar, birlik hareketleri şöyle, bizim değerlendirmemiz, Yunanlıların yeni birlikler getirdiği istikametinde ve harbi kaybediyoruz."

Mustafa Kemal, "Bir dakika Binbaşım" der, "Bir kez daha okur musunuz?" Raporu bir daha okuyan binbaşıya, Atatürk, "Şimdi İsmet Paşa'yı uyandır ve zaferini tebrik et" emri verir. Binbaşı, çok şaşırsa da İsmet Paşa'yı uyandırır, zaferini tebrik eder.

Ardından Mustafa Kemal, "Fevzi Paşa Hazretleri nerede?" diye sorunca "Çadırında efendim" yanıtını alır ve Fevzi Paşa'yı çağırtır. Paşa gelir, "Paşa Hazretleri neredeydiniz?" diye sorar Mustafa Kemal. Fevzi Paşa, Mustafa Kemal'den rütbeli, fakat Fevzi Paşa'nın da isteğiyle başkomutan olmuştur Mustafa Kemal. Fevzi Paşa "Çadırımdaydım, Kur'an okuyordum. Her şeyi kaybettik, Allah'tan sizi bize bağışlamasını niyaz ediyordum" der. Bunun üzerine Mustafa Kemal "Bir dakika, ortada bir yanlış anlama var" der ve şöyle devam eder: "Binbaşının bize getirdiği istihbarat raporlarını ben iki defa dinledim, değerlendirmeleri yanlış. Papulas birlik getirmiyor, mevcut birlikleri kaydırıyor, Yunanlılar geri çekiliyor."

Fakat çadırdakiler Mustafa Kemal'e inanamaz. "Evet" der Mustafa Kemal, "Gelin anlatayım." Mustafa Kemal, zihninde bütün cephenin adeta haritasını çıkartmış durumda. Binbaşı istihbarat raporlarını okurken Mustafa Kemal'in kafasında bütün cephe şekilleniyordu ve fark ediyordu ki Yunanlılar çekiliyor. Durumu diğerlerine de izah ediyor, herkes çok memnun...

Sonra Mustafa Kemal, "Yunanlıları burada durdurduk, yarın taarruza kalkacağız" der. İsmet Paşa ise oturduğu yerden hiddetle kalkarak "Sen delirdin" diye bağırır, "Ne ile taarruz edeceğiz. Subayların üçte ikisi şehit, ordunun yüzde kırk altısı firar etmiş, ne ile taarruz edeceğiz?"

Mustafa Kemal şöyle cevap verir: "İsmet, hiç mühim değil" işaret parmağını başına koyarak "Papulas, savaşı burada kaybetti, şimdi üstünlük bizde."

Ertesi gün Türk taarruzu başlar. Papulas bunu görünce, daha evvel yaptığı yanlış değerlendirmesini bir adım daha öteye taşıyarak, Türklerin zannettiğinden daha kuvvetli olduğuna inanarak birliklerine Kütahya-Eskişehir hattına çekilmeleri emrini verir. Nihayetinde Yunan Ordusu, Büyük Taarruz'un başlayacağı hatta kadar geri çekilir. Bizimkiler olanlara inanamaz. Onlara göre "Bu bir mucize" dir. Fakat elbette bir mucize söz konusu değildir. Olay, karşındakini ve muhatap olduğun vaziyeti çok iyi okuyabilmek, harp teorisini çok iyi bilmekle ilgilidir.

Papulas ve Atatürk harbiye okullarında aynı kitapları okudular, her ikisi de kurmay subay. Ne Türklerde ne de Yunanlılarda büyük teorisyenler olmadığından harp teorisini Alman ve Fransız kitaplarından öğrendiler. Dolayısıyla Mustafa Kemal, Papulas'ın ne okuduğunu, kafasında ne olduğunu biliyordu. Papulas yetenekli olsa da nihayetinde sıradan bir asker ve çabuk asabı bozulan, fazla sabrı olmayan bir insan. Üstelik karşısında bir dâhi var. Mustafa Kemal, kendi ordusunun erlerinin ne yapacağını, ne kadarının kaçacağını, ne kadarının kalacağını biliyordu, hesabını buna göre yapıyordu.

Oysa ötekiler öyle değil, kahraman Mehmetçik hesabındalar. Sakarya Meydan Muharebesi kaybedilip de ordunun yüzde kırk altısı firar edince, diğer komutanların psikolojisiyle Mustafa Kemal'inki aynı değildi. Daha doğrusu bu durum, Atatürk'ün neredeyse umurunda değildi. O bu durumun hesabını zihninde zaten yapmıştı ve bu yüzden de kaybetmedi, kazandı.

Sonra ne oldu? Atatürk, trenle Ankara'ya döndüğünde, şehirdeki tek otomobil olan sarı renk, Ford marka arabasına binip Çankaya'ya giderken karşıdan bir fayton geldiğini görür. İçinde Hamdullah Suphi Tanrıöver, Yakup Kadri Karaosmanoğlu, Meclis Başkanı Sekreteri Ruşen Eşref Ünaydın vardır. Paşa'yı karşılamak için gelmişlerdir ve yolda karşılaşırlar. Paşa'nın arabasını görünce faytonlarından fırlarlar, Atatürk'e sarılırlar: "Paşam 400 senedir ilk defa meydan muharebesi kazanıyoruz, var olun!" Sonra Mustafa Kemal, Ruşen Eşref'in sözünü keser, "Ruşen boş ver bunları. Bu muharebe bana üç şey öğretti, üç yeni keşif yaptım, bunları da bu deftere yazdım" diyerek kırmızı deri kaplı bir defteri gösterir. "Yaptığım keşif benden sonra askeri okullarda öğretilecek" der.

Bu keşiflerden ikisi şu şekildedir:

1- Meydan muharebelerinde hattı müdafaa etmek doğru değildir. Sathı müdafaa edeceksin, bunun için de her birliğe, bize bugüne kadar öğretilen teorinin aksine, daha fazla hürriyet vereceksin. Ne kadar çekileceklerine birlik komutanları kendileri karar verecekler.

2- Bu savaşta bir sürü insan kaybettik, karşı taraf da... Başarımızı eğer ekonomik bir zafer takip etmezse bu yapılan, yıkımdan başka bir şey değildir. Ne yapacağız bundan sonra, ona bakmalıyız.

Ruşen Eşref Mustafa Kemal'in söylediği üçüncü keşfi hatırlayamaz. Vefatının ardından da sözü edilen bu kırmızı kaplı defter bulunamamıştır.

Çok ilginçtir, Sakara Meydan Muharebesi olurken, savaşın ortasında, henüz savaşı kazanıp kazanmayacağımız dahi belli değilken Mustafa Kemal, "Bu topraklar çok zengin, bir kültür umum müdürlüğüne ihtiyacımız var" demiştir. Bunu savaşın ortasında söylemiştir, çünkü devam etmekte olan savaşta kendi kafası içinde çoktan galip gelmiştir.

Zaferin ardından Meclis'e gelindiğinde, herkes durumdan çok memnundur, "Hemen taarruz edelim, Yunanları atalım" beklentisindedir. Fakat elde ordu kalmamış, neyle taarruz edilecek?

İlk iş, orduyu baştan kurmak. Şimdi, Yunanlıların gücü daha iyi, daha net biliniyor ama savaşmak için de ordu lazım. Tekalif-i Milliye emirleri bu sırada çıkartılırken çok sayıda kişiden itiraz yükselir: "Milletin canından başka verecek neyi kaldı." Tabii, Mustafa Kemal, Türk halkını bu emirlere itiraz eden vekillerden daha iyi tanıyordu. Onlara söylediği şey şu idi: "Bakın bu halk bıkmış, yenilgi görmekten bıkmış. Ben muzaffer bir kumandan olarak gidiyorum karşılarına ve diyorum ki, bir kez daha kazanacağım."

Bu arada Doğu'dan da iyi haberler geliyordu. Sakarya Muharebesi'ni Türk Ordusu kazanınca Fransızlar ve İtalyanlar hemen yan çizdi, İngilizleri yalnız bıraktılar. Fransız parlamenteri Henry Franklin-Bouillon, Fransa'yı temsilen Ankara'ya geldi ve Ankara Hükumetiyle bir antlaşma imzaladı. Fransızlar gidecekler.

Mustafa Kemal, Fransızlara "Siz bu kadar silah getirdiniz buraya, geri mi götüreceksiniz? Bırakın onları burada, bedelini altınla ödeyeceğim size" teklifinde bulunur. Altın ise Lenin'den gelmektedir. Moskova'da Ali Fuat Cebesoy, yeni Türk Devleti'nin komünist olacağı beklentisini taşıyan Lenin'i gayet iyi idare ediyordu. Mustafa Kemal de bu beklentiyi yönetmeyi çok iyi becermiştir.

Dolayısıyla altınlar gelir ve Fransızlara ödeme yapılır. Fransızlar da bütün kamyonlarını, uçaklarını, silahlarını ve cephanelerini Anadolu'da bırakır. Güney Cephesi temizlenirken bütün mühimmat ve teçhizat Batı Cephesi'ne gönderilir. Ardından, Mustafa Kemal, Doğu Cephesi'nde bulunan ve Rusların Kars Kalesi'ne koyduğu kale toplarının, Batı Cephesi'ne sevki emrini verir. Fakat çapları ve özellikleri farklı farklı o kadar çok sayıda top türü vardır ki, bu toplara cephane uydurmak ciddi bir problem teşkil etmiştir. Bu engel de aşılır, bu toplara bir şekilde mühimmat uydurmanın üstesinden gelinir. Burada bu işi yapan sanatkarların muazzam emeklerini takdir etmek lazım. Hayatlarını tehlikeye atıp bu işin üstesinden geliyorlar.

Büyük Taarruz için Atatürk öyle bir plan yapmıştır ki, bu plan o zamanki akil insanları rahatsız etmiştir. Bunun çok ama çok tehlikeli bir kumar olduğu söylenen Mustafa Kemal'in söz konusu planı şudur: Yunan'ın en büyük gücü Afyon civarında ve güneyde Trikopis'in emrindeki kuvvetlerdir. Atatürk'e göre burası o kadar güzel tahkim edilmiş ki, belli ki Yunanlılar burayı bir kuvvet merkezi yapma niyetindeler. Atatürk, "Burayı düşürürsek bütün cephe düşer, dolayısıyla burayı vuracağız," der.

Bu plan Türk kurmay heyetini oldukça endişelendirmiştir. Onların düşüncesiyse şöyledir: "Yunan'ı en güçlü olduğu yerden vurmaktan söz ediyorsun, o halde bizim de bütün gücümüzü buraya toplamamız gerekecek." "Evet" der Atatürk.

Yakup Şevki Paşa, bunu duyunca küplere biner. "Nasıl yaparız. Böyle yaparak beni, kuzeydeki orduyu neredeyse çıplak bırakıyorsun. Karşımda General Digenis var. Bize saldırdığı takdirde Ankara'ya kadar elini kolunu sallaya sallaya gider. Biz Afyon'a gidelim derken Digenis Ankara'ya girer" der. Atatürk de "Girmez Paşam" diye karşı çıkar.

Anlaşıldığı kadarıyla Atatürk, Digenis ile Trikopis'in akıllarını başarılı bir şekilde okumuştu. Yunan Ordusu'nun halet-i ruhiyesini iyi biliyordu. Orduda Venizeloscular gitmiş, Kralcılar gelmişti. Politik olarak bölünmüş olan Yunan subayları birbirlerini yiyorlardı. Yunan Ordusu içinde ciddi bir siyasi kavga vardı. Yunan ordusu rahat değil, aldıkları son yenilgiyle zaten zafere olan inançlarını da kaybetmişlerdi. Askerlerin pek çoğu "Bıktık, artık evimize gidelim" diyorlardı. Fakat bizimkiler öyle değildi, çünkü kendi vatanlarını savunuyorlardı ve yenmenin tadını tatmışlardı.

Atatürk diyordu ki, "Paşam, biz büyük bir gizlilik içerisinde kuvvetlerimizi kaydıracağız." Şevki Paşa, "Nasıl olur, şuradan şuraya bir tabur kaydırıyorum, Yunan'ın haberi oluyor" diye cevap verirken Atatürk de, "Paşam birliklerinizi gündüz kaydırırsanız haberleri olur, biz hareketimizi gece yapacağız, gündüz ise birliklerimizi saklayacağız" diyordu.

Yakup Şevki Paşa bu hareket planına bir türlü anlam veremiyor, "Ben bu mesuliyeti alamam" diye ısrar ediyordu. Mesuliyet sözünü işitince Atatürk hemen şunları söyler: "Bir dakika arkadaşlar, hiçbirinizde bir mesuliyet yok. Bütün mesuliyet bana ait, millete karşı ben sorumluyum."

Mustafa Kemal, bütün gücü güneyde topladı. Bu arada İngiliz mareşali Charles Vere Ferrers Townshend Yunan müstahkem mevkilerini gezer. O kadar beğenir ki, "Türkler burayı altı ayda geçerlerse, altı günde geçtik desinler" der.

Yunanlılar vaziyetten çok memnundur, o kadar eminlerdir ki kendilerinden, istihbaratı da boş verirler. Bu sırada bizimkiler ise bütün gayretleriyle güneyde toplanmaktadırlar.

Atatürk, taarruz tarihini Ankara'da hiç kimseye bildirmez, hatta kendi arkadaşlarına dahi bilgi vermez. Sadece güvendiği ve kendisine güvenmesini istediği Ruslara haber verir. "Birkaç gün sonra saldırıya geçiyoruz" der. Ruslardan çıt çıkmayacağını, İngiliz ve Yunanlıların mağlubiyetini dört gözle beklediklerini biliyordur.

Ardından, Mustafa Kemal'in Ankara'da büyük bir çay partisi vereceği haberi yayılır. Davetliler var, çay partisi var, ama ev sahibi ortalıkta yok, cephede. Bir tür oyalama ve dikkati başka yöne çekme hamlesidir bu.

Son kontroller yapıldıktan sonra Atatürk cepheye gelir, Anadolu'nun dış dünya ile bütün telgraf bağlantılarının kesilmesini emreder. Anadolu birdenbire suskunluğa bürünür. Hemen ardında da Ankara'da Mustafa Kemal'e karşı bir isyan başladığı yönünde sahte bir haberin yayılması sağlanır. İstanbul, Mustafa Kemal'e karşı bir hareket başlamış haberini alır ama Anadolu'da aynı zamanda tüm telgraflar da susmuştur. Kimse duruma bir mana verememektedir. Atatürk, daha arazide silahlar konuşmaya başlamadan istihbarat savaşını kazanmıştır.

O sabah Büyük Taarruz başlar. Sabah 04.30'da tanzim atışı açılır, 5.50'de de tahrip atışına geçilir, saat 07.00'de ise Yunan topçusu susar ve Türk Ordusu 14 gün sonra İzmir'e, Kordon'a varır. Büyük Taarruz'dan evvel Atatürk, 15 gün sonra İzmir'de olacağını söylemiştir yakın çevresine. Sonra birlikte Kordon'da

İzmir'in Yunan işgalinden kurtuluşunun ardından, bir çocuk ile beraber.

yürürken de Salih Bozok'a "Kaç gün oldu?" diye sorar, "14 gün" Paşam cevabını verir Bozok. "Bir gün yanıldık o zaman" der Atatürk.

Atatürk savaşı adım adım takip etmiştir. Askerliğe bir bilim olarak ilgisi vardır. Bu muharebeyi nasıl kazandık, onlar neden kaybetti vs. birçok sorunun cevabını arar. Yunanlıların yaptıkları hatalara bakar. Mesela, taarruz sürerken bir telgraf gelir, bizimkiler telgraf karşı tarafın eline ulaşmadan kesip alır. Telgrafta Trikopis'in başkomutan olduğunu bildirilir, ama haber Trikopis'e ulaşmaz. Trikopis ancak Dumlupınar'da esir düşünce bundan haberdar olur.

Trikopis kendisiyle yapılan bir mülakatta olayı şöyle aktarır:

Türk ordusunun bu beklenmedik kuvveti karşısında birliklerimiz perişan olmuştu. Yan birliklerle de irtibatı kaybetmiştik. Cephanemiz tükenmek üzereydi. Neşrettiğim bir günlük emirle sonuna kadar muharebeye devam edilmesini askere tebliğ etmiştim. Vaziyetimiz gittikçe müşkülleşiyordu. Asker yorgundu. Kimsede muharebeye devam arzusu kalmamıştı. Birinci Dünya Savaşı'ndan beri durmadan çarpışan Yunan Ordusu'nun maneviyatı hayli sarsılmıştı. Halk artık savaştan bıkmıştı. Askeri zorla, inanmadığı bir gaye uğrunda muharebeye sürüklemekteki güçlük, harbin en çetin meselelerinden birini teşkil eder. Ordunun adım adım hezimete yaklaştığını hissediyorduk. Her tarafımız Türklerle çevrilmişti. Esir olacağımızı anlıyorduk. Bizde kılıcı düşmana teslim etmek küçüklük sayılır. Vaziyetin kötüye gittiğini gören yaverim bir ara yanıma gelerek: "Generalim, kılıçlarımızı imha edelim," diye teklifte bulundu.

Kılıcımı kendisine verdim. Aldı ve parçaladı. Firar fayda etmedi, ordu perişan olmuştu. Bu esnada atım da vurulmuştu. Başka bir ata binerek kaçmaya ve çemberi yarmaya teşebbüs ettim. Fayda etmedi. Türklerin içine düştüm. Esir oldum. Beni yakalayanlar hüviyetimi almakta güçlük çekmediler. Üzerimde bir revolver vardı. Derhal bunu aldılar. Bizde süvarilerin kılıcı atların eğerine bağlıdır. Benim bindiğim atta da böyle bir kılıç bulunuyordu. Askerler bunu da benim kılıcım zannıyla müsadere ettiler. Bu esnada ordu perişan olmuştu. Sağ kalan birlikler dağınık bir halde İzmir'e kaçmaya çalışıyorlardı. Bu bizim için büyük bir mağlûbiyet olmuştu. Beni evvelâ Garp Cephesi Kumandanı İsmet İnönü'ye götürdüler. Kendisi ile fazla bir şey konuşmadık. İnönü, beni yanına alarak Mustafa Kemal'in huzuruna çıkardı. Yunan Orduları Başkumandanlığına tayin edildiğimi de bu sırada öğrendim. Atatürk beni mert bir askere yaraşır bir şekilde kabul etti. Teessür ve heyecan içindeydim. İnönü beni kendisine takdim etti. Gazi'nin bu esnadaki sözlerini hiç unutmayacağım:

"Üzülmeyin General," dedi. "Siz vazifenizi sonuna kadar yaptınız. Askerlikte mağlûp olmak da vardır. Napolyon da vaktiyle esir olmuştu. Size karşı büyük bir hürmet hissi besliyoruz. Burada kendinizi esir addetmemenizi rica ediyorum. Misafirimizsiniz. Yakında her şey düzelecektir. Buyurun, istirahat edin."

Atatürk'ün bu ince ve nazik muamelesi karşısında ben de bu büyük kumandana karşı içimde bir hayranlık duymaya başlamıştım. Bundan sonra bizi Kayseri'nin Talas bölgesinde kurulan bir esir kampına sevk ettiler. Yüksek rütbeli subaylardan başka yanımda dört general daha vardı. Artık bizim için savaş bitmişti. Neticeyi beklemeye başladık. Bundan sonraki vaziyeti biliyorsunuz. Ordumuzun bakiyeleri birkaç gün içinde Anadolu'yu terk ettiler. Fakat barış muahedesinin imzalanması kolay olmadı. Kayseri kampında bir seneye yakın bir müddet yaşadık. Daimî bir tarassut ve nezaret altında bulunuyorduk. Bir gün kamp kumandanına:

"Beni bıraksanız bile bir yere kaçamam," dedim. Bundan sonra nereye gidebilirim? Haydi kamptan kaçtım, Yunanistan nerede, Kayseri nerede. Nihayet Türkiye ile Yunanistan arasında esirlerin karşılıklı mübadeleleri konusundaki anlaşma imzalandı. Biz de memleketimize döndük. İşte Anadolu seferimizin hazin hikâyesi.

Burada Trikopis'in anlatmadığı bir şey daha var. Mustafa Kemal, Trikopis ile konuştuktan sonra Fevzi ve İsmet Paşalara dönerek, kumandana söyleyecek bir şeyleri olup olmadığını sorar. İsmet Paşa, "Ben bir şeyi çok merak ettim" der, "Biz sabahın erken saatlerinde topçu atışına başladık. 04.30'da tanzim atışı yaptık, 5.50'de imha atışına geçtik, siz de karşılık verdiniz ama 07.00'de sizin topçu sustu" diye devam eder, "Buna anlam veremedik."

Trikopis de, "Evet efendim, biz topçuların gözcülerini çok öne çıkarmıştık. Sizin topçu ateşiniz o kadar başarılıydı ki, o kadar isabetli atışlar yapıldı ki, gözcülerin hepsi isabet aldı, dolayısıyla toplar kör oldu, ateşi kesmek zorunda kaldık" şeklinde cevap verir.

Yunan Ordusu silah, asker ve teçhizat üstünlüğüne rağmen Türk Ordusu ve Mustafa Kemal gibi bir dehayla baş edememiştir. Bizim tarafta bir dâhi, karşı tarafta ise birbirlerini yiyen bir sürü vasat asker vardı. Savaşın neticesi de bunu gösteriyor zaten. Şimdi Mustafa Kemal cephede muzaffer olurken, bir yandan da başka şeylerin planlarını yapar. Kurtuluş Savaşı İzmir'de kazanıldı, ardından Bursa'ya geçti ve burada öğretmenlere hitaben bir konuşma yaptı: "Ordularımızın başarısının sebebini biliyor musunuz? Bizim başarılarımızın sebebi, ordularımızın sevk ve idaresinde fen metotlarını ittihaz etmektir."

Şu mesajı veriyordu: "Ben buraya kadar çok rasyonel yönettim bu işi, bundan sonra da her şey böyle yönetilecek."

***

Mustafa Kemal, Kurtuluş Savaşı'nı kazandıktan sonra elinde kalan Türkiye hakikaten bir enkazdı. Trakya'yı belki bir ölçüde bu iddianın dışında tutabiliriz ama Anadolu'nun taş devrinde olduğu bir metafor değildir. Anadolu'da hakikaten hiçbir şey yoktur.

Şu seviyeye düşmüş bir insanlık düşünelim; aşağı yukarı sekiz milyonluk bir nüfus, sürekli harp kaybederek morali sıfıra inmiş, moralini düzeltmek için de bilmediği bir dinden başka sarılabilecek hiçbir şeyi yok. Bilmediği dini de ona empoze edenler bizim halk tabiriyle "hacı-hoca takımı" dediğimiz, kendileri de cahil olan sözde din adamları. Bunun dışında hiçbir şeyi yok

Anadolu'nun. Hiç kimse diyemez ki Anadolu'da ne cevherler vardı da sonra kayboldu. Böyle birşey yoktu.

Bu manzara karşısında Mustafa Kemal'in en önemli ve acil görevi, halkı refaha kavuşturmaktı. Bunun için ise öncelikli olarak, çalışan bir devlet mekanizması oluşturmak, ardından halkın refahına mani olan faktörleri, dolayısıyla halkın fakirliğini ortadan kaldırmak, halkın eğitim seviyesini bir an evvel yükseltmek, halkın sağlık sorunlarını ortadan kaldırmak. Bütün bunların bir an evvel hayata geçirilmesi için radikal değişikliklere başvurmak icap ediyordu. Zira bunlar yavaş yavaş gerçekleşecek değişiklikler olmadığı gibi, ne halkın sabrı vardı ne de yavaş bir değişimin başarı şansı vardı. Ayrıca Mustafa Kemal'in de sınırlı bir ömrü vardı, ki ne kadar haklı olduğu vefatından sonra ortaya çıktı. Onun başlattığı hamleyi kimse sürdüremedi. Dolayısıyla Atatürk kendi ömrü ile sınırlı bir yenileşme projesini uygulamaya koymak mecburiyetindeydi.

Yaptığı ilk iş eğitime el atmak oldu. Böylece okulları modernize etmeye çalıştı. Gazi'nin tüm bu gayretlerine rağmen bir taraftan da işlerin ne kadar yavaş ilerlediğini şuradan anlayabiliriz, Cumhuriyet 1923'te kuruluyor, Harf Devrimi ancak beş sene sonra yapılabiliyor.

Dolmabahçe Sarayı'nın üst katındaki salonda, Harf Devrimi'nin hemen ardından yeni alfabeyle ilgili konferansın üçüncü gününde, konuşmacıyı dinlerken.

Peki, Mustafa Kemal'in modernizasyon hamlesini hayata geçirebilmesinin önündeki engeller neydi? Evvela, karşısında bir millet yok. Kimsin dediğin zaman ben Müslümanım, diyor insanlar. Bir Osmanlı milletler karmaşası var ki, tamamen dine dayanıyor. Ülke içerisindeki Müslüman olmayan faktörler Avrupa ile nispeten temaslarını muhafaza edebilmişler, mesela çocuklarını adam gibi bir okula gönderebilmişler, onlara en azından okuma-yazma öğretebilmişler.

Müslüman ahali bunu dahi yapamamış... Atatürk'ün bunun önünde gördüğü en önemli engellerden bir tanesi alfabeydi.

Bazı kişiler hâlâ şöyle laflar ediyorlar: "Kardeşim 34 tane harfi mi öğrenemiyorsun?" İyi de Osmanlıca 34 harften oluşmuyor ki. O 34 harfi tamamen bilsen bile Osmanlıcayı okuyamıyorsun, çünkü İngilizce gibi. Daha açık bir örnek vermek gerekirse "r, e, c, i, p, e " yazıldığında, bunu 'risayp' mı okuruz 'resipi' mi okuruz? İngilizce 'resipi' okunur. Bunun 'resipi' diye okunacağına dair o yazının üzerinde hiçbir işaret yok. 'Risayp' da okunabilir ama onun 'resipi' olduğunu biliyoruz. Kelimeyi bildiğimiz için okuyabiliyoruz. Kelimeyi bilmediğimiz taktirde okuyamıyoruz.

Bernard Shaw, "Pygmalion" isimli piyesinin başında bundan şikayetçi olur. Shaw, "Bizim dilimiz çok değişik gruplar tarafından farklı şekilde konuşuluyor" der. Shaw'ın bahsettiği değişik gruplar, kendi ülkesindeki gruplar. Zira İngiltere'nin Galler ve İskoçya bölgelerini dışarıya koyarsak, Yorkshire'dan gelen bir insanla Devonshire'dan gelen bir insanın, Devonshire'dan gelen bir insanla Doğu Anglia'dan gelen bir insanın konuştukları İngilizce değişik. Üçünün konuştuğu dil bir Cockney'in konuştuğu dilden değişik. Bunun sebebi gayet açık. Zamanında yaygın bir okuma kültürü, yaygın bir okullaşma olmadığı için farklı bölgelerdeki farklı insanlar bu kelimeleri farklı seslendirmişler. Çünkü yazıldığı gibi okunmuyor.

Yine aynı yere geliyoruz; Atatürk'ün önündeki en önemli sorunlardan biri, asgari bir bilgiyi halkına verebilmekti. Dünyada ne oluyor, ne bitiyor? Memleketimizin coğrafyası nasıldır? Nasıl tarım yapacaksın? Nasıl bir yönetimimiz var, bu yönetime nasıl katılacaksın? Bütün bunların süratle halka öğretilmesi lazım. Bunun önündeki en büyük engel olan alfabenin ise değişmesi gerektiği kanaatinde Mustafa Kemal.

Bu arada, alfabenin değişmesi gerektiği yönünde fikir beyan eden ve eyleme geçen ilk kişi Atatürk değil. Daha önce de teşebbüsler var. "Enverî" yazı var mesela, birbirine bağlamadan yazılan yazı. Dolayısıyla Osmanlıcanın bir sorun olduğunu gören ilk kişi Atatürk değil.

Bununla birlikte, eski Türk lehçelerini inceleyen dil bilimciler, bu lehçeler Arap harfleriyle yazılmışsa belgelerin linguistik veya fonetik olarak hiçbir değerinin olmadığı kanaatindeler. Okunamıyor çünkü. "Mafsal" ile "mufassal" aynı şekilde yazılıyor Osmanlıcada. Bir coğrafya kitabı almıştım, uzun zaman düşündüm, "mafsal coğrafya" ne demek diye. Sonra fark ettim ki, bu "mufassal coğrafya"ymış. Bunu bilebilmek için o alfabede belli bir okumuşluğunuzun olması lazım.

Alfabe değişikliğinin gereksizliğini anlatmak için Çin ve Japonya örneği verilir sıkça. "Çok daha zor alfabeleri var, bak adamlar neler yaptılar" derler. Ama Çin'i örnek gösteren, Çince bir roman okumak için aşağı yukarı elli bin karakter ezberlenmesi gerektiğini bilmiyor. Bunu Çin'de herkes yapabiliyor mu? Hayır. Ama köylüsü gazete okuyabiliyor. Çünkü 1940'lı, 50'li yıllarda metazori bir okuma programı geliştirmiş Mao. Bu metazori ile aşağı yukarı yirmi bin karakter ezberlenebiliyor. Ki bu karakterler de zaten belirli köklerden çıkıyor, o kökler bilindiği zaman karakteri inşa etmek sanıldığı kadar zor olmuyor. Ama bir kere karakteri öğrenince o karakter başka bir şekilde okunamıyor. Bunlara ideogramlar deniyor, aynı zamanda hecelerdir ve ideogram görüldüğü zaman o hece odur, başka bir şekle, başka bir sese bürünemez.

Fakat Osmanlı alfabesinde durum böyle değil. "Ka" yazılıyor "ne" okunuyor. O kelimenin bilinmesi lazım. Bir de İsrail'in kullandığı alfabe var. Fakat İsrail bugün bütün bilimsel yayınlarını İngilizce yapıyor. Ama devlet yazışmalarında İbraniceyi kullanıyorlar. Çünkü bu alfabe onların millli sembolleri. İki milli sembolleri var: Musevi dini ve İbranice. Bu ikisinden vazgeçerse ortada İsrail kalmıyor. Bizdeki durum böyle değil ki, bizim Türkçeden vazgeçmek gibi bir derdimiz yok ki. Ayrıca İbrani alfabesi zaten onların alfabesi. Arap alfabesi bizim alfabemiz değil ki. Dil bilimciler zaten söylüyorlar, Arap alfabesi Türk dilinin seslerini üretmeye uygun değil. Peki neden bu alfabeyi kullanmaya devam edelim? Bizim İsrail gibi bir nedenimiz yok.

Sonra bir başka eleştiri şöyledir: Alfabe değişikliği ile birlikte geçmiş ile olan bağlar koparılmaya çalışıldı, bu devrimin esas meselesi buydu. Bu doğru değil. Harf devrimi yapıldıktan sonra bir sürü insan eski Türkçe okuyabiliyordu, zira o dilde yetişmişler, onların bu kültürü nakletmesine kimse mani değildi. Bal gibi nakledebilirlerdi. Bir başka husus da Osmanlı'nın zaten büyük bir (kültürel ve bilimsel) üretiminin olmamasıdır. Osmanlı entelektüellerinin hayatları hakkında yazılan kitaplar var. Bu kitaplarda "Şuraya gitti, ilim tahsil etti," denilir. Ne tahsil etti bu insan? Kimya mı, fizik mi, biyoloji mi, sosyoloji mi, hukuk mu, ne tahsil etti? "İlim tahsil etti, on bin tane beyit ezberledi" denir mesela Ali Emiri Efendi için. Bu marifet değil ki, bir şey öğrenmiyor on bin tane beyit ezberlemekle. Ya da mesela Osmanlı Katip Çelebi'yi okuyarak zamanının coğrafya bilgisini öğrenemez. Katip Çelebi, Avrupa coğrafyasını tesadüfen bir-iki kitaptan öğrenmiş, bunun yanında İslam coğrafyasını bilmeyen bir adam. Yani Osmanlı, İslam coğrafyasını dahi öğrenmemiş ve öğretememiş. Ne öğrenilecek Osmanlıca bilerek? Denebilir ki, Arap eserlerinden pek çok şey öğrenilebilir. O zaman Arapça öğrenilir. (Osmanlıca) Alfabe öğrenerek Arapça öğrenilemez. Fars ekolünün coğrafyacıları öğrenilmek isteniyorsa Farsça öğrenilir.

Atatürk'ün istediği, milleti süratle okur-yazar hale getirmekti. Düşünün ki, İmparatorluğun ancak yüzde onundan azı okur-yazar. Kabul edilen alfabe tamamen fonetik bir alfabedir. Bizim dilimize birebir uyuyor, rahat kullanılabiliyor, bir kelime yazıldığı zaman onu başka şekilde okuma imkânı da yok. Dolayısıyla sözünü ettiğim, aynı kelimeyi "mafsal" diye mi okuyacağım yoksa "mufassal" diye mi okuyacağım şeklinde bir sorun çıkmıyor.

Bununla da bitmiyor: Arap harfleriyle yazılan literatürde birden fazla yazı şekli var. Mesela, nokta dahi kullanmadan yazılan bir âlim yazısı vardır. Yani, 'n' ile 'b'yi birbirinden ayıran, birinde üstte nokta, diğerinde altta nokta, bunun dahi olmadığı bir âlim yazısı vardır. İstanbul Üniversitesi Kütüphanesi'ndeki El Haysam'ın meşhur *Konik Kesitler* kitabı o tür bir kitaptır, nokta dahi yoktur. Nasıl okunacak bu? O kitapta yazılan her kelimenin bilinmesi lazım. Sonra Osmanlıcanın matbu kitaplarda kullanılan, çok az "esre" ve "üstün"ü olan ama noktalı bir matbu alfabesi var. Bu bir dereceye kadar okunur ama yine kelimeyi bilmek şartıyla. Kelimeyi yanlış okuyanlarla da çok alay edilirmiş, bu adam okumamış ve daha önce de görmemiş bu kelimeyi, okuyamıyor diye. Peki, yazının maksadı ne? Bir kelimeyi okutmak değil mi?

Dolayısıyla ortada okunacak çok fazla bir şey yok (Osmanlıca'nın nesir türü literatürde pek fakir olduğunu tüm edebiyat tarihçileri bilir; eh nazım okuyarak da dünyayı öğrenmek pek sağlıklı bir yol olmasa gerek), fakat buna rağmen alfabe değiştikten sonra halkın yeni alfabede yazılan şeyleri okuyabilmesi lazım ve bunun için de bir dil lazım.

Osmanlıca diye bir dil yok. Osmanlıca bir "esperanto"dur, yani bir sürü dilin bir araya gelmesiyle yaratılmış yapay bir dildir. Osmanlıcayı layıkıyla okuyup anlayabilmek için Türkçe bilmek lazım, Farsça bilmek lazım, Arapça bilmek lazım. Bu üç dili bilmek lazım, zira Osmanlıca bu üç dilden sadece kelime almakla kalmamış, buralardan birtakım kuralları da almış. Böyle dil olmaz. Çünkü bu üç dil köylülere öğretilemez, kasabalılara öğretilemez, hatta ve hatta layıkıyla münevvere dahi öğretilemez. Arapça ve Farsça gibi dillerin öğrenilmesi ve öğretilmesi kolay değildir. Her ikisinin de çok zengin tarihleri, edebiyatı var.

Haliyle Atatürk, Dil Devrimi'yle öncelikle şunu hedeflemiştir: Herkesin anlayabileceği bir dilimiz olsun. Çünkü Osmanlı zamanında İstanbul'daki entelektüelin konuştuğunu köylünün anlaması mümkün değildir. Devletin konuştuğu dili vatandaş anlamıyor. Osmanlıca konuşulan dönemi tarif etmek için sıkça yapılan bir ayrım vardır "halk dili" ve "aydın dili". Bu dahi tam manasıyla doğru değildir. Zira aydınlar dahi birbirini anlamıyor. Düşünün ki, adam bir Servet-i Fünun akımı mensubu, bir şiir veya bir roman yazacak, aklına gelen kelimeyi Farsçadan alıyor, zira karşısındaki adamın Farsça bildiğini zannediyor. Fakat bilmiyor. Bilmiyorsa ne yapacak bu insan? İstediği kadar aydın olsun.

Bir Osmanlı aydını düşünün ki, öyle birisi var mıydı bilmiyorum ama, çok iyi İngilizce, Fransızca bilsin ama Farsça bilmesin, nasıl okuyacak Osmanlıca yazılanları? Dolayısıyla absürd bir dil çıkıyor ortaya. Halk ve aydın dili diye ayırmak yanlış. Osmanlıca diye geniş bir kitlenin kullandığı ve Türkçe, Arapça, Farsça pınarlarından ayrı ayrı beslenen muhtelif diller var.

Atatürk alfabe değişikliğini müteakip bir Dil Devrimi yapılması gerektiğini düşünmüş ve devrime ilişkin zihninde şöyle bir yol haritası geliştirmiş: Türkçeyi Arapça ve Farsçadan temizlersek millet birbirleriyle anlaşabilir. Fakat dilden Arapça ve Farsça kelimeler atıldığı zaman Osmanlıcadan geriye çok az şey kaldığı görülüyor. Yani halkın gündelik lisanda kullandığı "ekmek alalım", "eve gidelim" vs. gibi basit ifadelerin dışında dil, ifade kabiliyetini büyük ölçüde yitiriyor. Bu sebeple dil kongreleri başlatılıyor. Bu kongrelerin maksadı dili ıslah etmek ve olabildiği ölçüde zenginliğe kavuşturmaktır. Dili ıslah etmenin yollarından biri kelime icat etmektir. Fakat kelime icat edildiği zaman birden bire yine halktan kopuluyor. Halk icat edilen bu kelimeyi de bilmiyor. Ama en azından icat edilen kelimeleri oluşturan kökler veya kelimecikler Türkçe, belki ondan çıkartabilir. Mesela, "ilim"i "bilim" yapalım diyoruz. Bu istikamette bir teşebbüs var. Fakat Atatürk'ün yaptığı bütün iyi işleri bir de kötü hale getirmek gibi bir huy, gelenek var. O da Türkiye'deki dalkavukluk âdeti.

Atatürk'ün başlattığı Dil Devrimi'ni tatbik edenlere bir bakıyoruz, kraldan çok kralcılar var. Atatürk, işin kontrolden çıktığını gördüğü anda hemen bu hareketi frenlemeye karar vermiş. Geoffrey Lewis'in Türkiye'deki dil reformuyla ilgili çok güzel bir kitabı vardır. Kitabın adı *Afetsel Bir Başarı* (*A Catastrophic Success*) Neden afetsel bir başarı diyor? Çünkü bu iş zıvanadan çıkmış. Fakat bu Atatürk'ün kabahati değil. Atatürk henüz hayattayken bu işin önünü kesmiş, ama vefatından sonra, önüne gelen, aklına gelen kelimeyi icat etmiş. Tıpkı Servet-i Fünuncuların aklına esen kelimeyi Farsçadan, Arapçadan alması gibi bizimkiler de akıllarına estikçe kelime icat etmişler. Geçenlerde okuduğum bir kitabın arkasında "Sözlükçe" yazıyor. Ne diyeyim? Sözlük kelimesinin neyi beğenilmedi de bir de "çe" ilave edildi yanına?

Atatürk'ün önüne geçmek istediği şey cehalettir. Ama bu canavar her defasında Atatürk'ü ve yapmak istediklerini sırtından vuruyor. Atatürk'ün göremediği şey şu: Bir yerde entelektüel söylem gelişmemişse dil de gelişmez. Fakat bir taraftan da çaresiz, ne yapsın? Bir yerden başlamak lazım. Yanlış yolda olduğunu gördüğü şeylerin önünü kesmeye çalışmış ama cehalet öyle bir şey ki, peşini bırakmıyor. Mani olamıyor, hele vefatından sonra mani olmak neredeyse imkânsız, çünkü yerini bıraktığı adamların pek çoğu cahil.

Tabii tüm bu konuşmalardan Dil Devrimi'nin başarısız olduğu neticesi de çıkartılmamalı. Türkçe çok değişti. O kadar değişti ki, bugün Atatürk'ün *Nutuk*'u sadeleştirilmemiş versiyonundan okunmazsa anlaşılamaz. Fakat tekrar söylüyorum; yanlışların sorumlusu Atatürk değildir. Dil, Atatürk'ten sonra bu kadar çok değişti.

Atatürk zamanında ve daha sonra Hasan Âli Yücel ile başlatılan bazı hareketler vardı. Demokrat Parti iktidara gelmesini müteakip bunlara engel oldu. Neydi bunların en önemlisi? Tercüme. Kültürel ve bilimsel ürün yoksa en akıllıca şey tercüme yapmaktı. Rönesans da Arapça ve Yunanca eserlerin tercümeleriyle başarılı olmadı mı? Hatta Hilmi Ziya Ülken'in *Uyanış Devirlerinde Tercümenin Rolü* isimli çok güzel bir kitabı vardır. Çok önemli bir iştir bu. Atatürk bunu yaptırıyor. Hasan Âli Yücel de müthiş sistematize ediyor işi ve şahane bir seri başlatıyor. Sadece Batı kaynakları tercüme ettirilmiyor. Doğu eserleri de tercüme ediliyor. Mesela *Mesnevi* tercüme ediliyor Farsçadan. Tâberî'nin *Tarih al-Rusul va al-Muluk*'u (*Peygamberler ve Hükümdarlar Tarihi*) tarihi çevriliyor. Bütün bunlar niçin yapılıyor? Hem bilgilenelim hem de kendi dilimizle dünya klasiklerini ifade edebilir hale gelelim diye.

Klasiklerden sonra Hasan Âli Yücel ansiklopediler hazırlatmaya başlıyor. İnönü Ansiklopedisi hazırlanmaya başlıyor, fakat iktidar değiştikten sonra "Neden İnönü Ansiklopedisi hazırlıyoruz, Türk Ansiklopedisi yapalım" diyorlar. 1940'larda başlayan bir iş 1983'te tamamlanabiliyor. Bu da ülkedeki potansiyelin ne kadar zayıf olduğunun, Atatürk'ten sonra işlerin nasıl yavaşladığının en açık işaretidir. Halbuki onun yaşamında hazırlanan ve tarihte tamamlanabilen ilk Türk Ansiklopedisi olan on ciltlik *Hayat Ansiklopedisi*'nin yayını 1932'de başlatılıp 1936'da bitirilmiştir!

Sonra coğrafya ansiklopedisi hazırlatmaya başlıyor Hasan-Âli Yücel, ama bir fasikülden fazla çıkamıyor bu, (Hasan Âli Yücel'e) bakanlıktan el çektiriliyor. Dil, bu tip entelektüel çabalarla gelişir. Sonrasında gelişen dili kullanan insan, Türkçe yayınlara ihtiyaç duyar: Tıbbın, jeolojinin, fiziğin, kimyanın Türkçe yazılması lazım ki, orada yeni terimler kendiliğinden türesin. Bizde fizik için, kimya için, jeoloji için bıkmadan usanmadan terim icat edilir, çoğu da tutmaz. Çünkü o dili kullanan yaygın ve saygın bir literatür yok. Bu literatür olmadan bunlar yapılamaz.

Atatürk'ün Dil Devrimi'nin en önemli maksatlarından biri, az önce dediğim gibi, herkesin birbirini anlayabileceği bir dilimizin olmasıydı. Çünkü Atatürk şunu biliyor, milletin temelinde dil vardır. Bir milleti millet yapabilmek için ülkü birliği lazımdır, o ülkü birliği de dil olmadan temin edilemez. Atatürk'ün gayesi bu iletişim aracını yaratmak. Ama bunu yaratabilmek için sırf alfabeyi değiştirmek yetmiyor, sırf kelimeleri değiştirmek yetmiyor, bunu kullanabilecek bir literatürün de olması lazım, bunu kullanabilecek bir kültürel altyapının olması lazım, bunu kullanabilecek bir üretimin olması lazım. Eğitimsiz böyle bir üretim olamaz.

Sıra geliyor eğitime. Öğretmenler ülkenin en önemli insanlarıdır. Yapılacak öncelikli iş eğitimi sekülerleştirmek, dinden temizlemek. Benim hocalarımdan rahmetli İhsan Ketin hafızdı. Kayseri'de 1914'de doğduğu için zamanın geleneği, ailesinin eğilimiyle Kur'an ezberletilmiş, bütün Kur'an'ı ezbere bilirdi hocam. Aynı zamanda jeoloji profesörüydü. Arapça biliyor muydu? Hayır. Eee, Kur'an'ı ezbere bilmesi neye yaradı?

Her kitabın bir maksadı vardır. Kur'an'ın maksadı insanların kafasını anlamadığı seslerle doldurmak değildir. Bir mesaj vermektir. Atatürk bunun farkında, yaptığı ilk işlerden biri de Kur'an'ı tercüme ettirmek oluyor. Şunu söylemek istiyor aslında: İnanıyor musun? Evvela neye inandığını bil, bunu bilmen lazım. Sonra biz koca bir milletiz; Yahudi'miz var, Hristiyan'ımız var vs. Eğitimde herhangi bir dini empoze edemeyiz. Zira aşikar bir gerçek ki, din modern bilimle çelişiyor.

Denilebilir ki, Avrupa'da bilim adamları arasında dindar insanlar var, ama bunlar dinlerini öğretilerine bir şekilde karıştırmamayı öğrenmişler. Bu şizofrenik bir durum mu? Evet. Yani bir taraftan Adem'e inanıp bir taraftan evrimi öğretmek, bir taraftan Nuh'a inanıp bir taraftan sedimantolojiyi öğretmek mümkün değil. Ama bunu yapabilenler var. Atatürk'ün dediği şu: "Karşındakiyle akılcı bir şekilde gözleme ve mantığa dayanarak tartışamayacağım bir şeyi eğitime sokmam. Aksi takdirde dayatma olur."

Büyük İngiliz felsefecisi ve matematikçisi Bertrand Russel'ın çok güzel bir sözü vardır: "İnsanların bildiği ve bilimin keşfetmediği hiçbir şey yoktur." Bu kadar basit. Atatürk de aynı fikirde. "Hayatta en hakiki mürşit ilimdir, fendir, başka mürşit aramak gaflettir, cehalettir" diyor. Yani, ona göre de biz bir şey biliyorsak bilim sayesinde biliyoruz, dolayısıyla çocuklarımız önce bunu öğrenmeliler.

Evet, din de sosyolojik bir olgudur, bunun öğrenilmesi, bilinmesi gerekir. Ama devletin yapacağı şey en fazla dinler tarihini okutmak, din felsefesini, sosyolojisini öğretmek olabilir. Bu kadar. Eğer ki sen irrasyonel birtakım öğelerle uğraşmak istiyorsan bunu aile içinde yapabilirsin, buna kimse karışmaz ama bunu memlekete empoze etmeye çalışma. Tevhid-i Tedrisat'ın yani eğitim birliğinin esası budur. Dünyada bir tane uygarlık var ve herkes bu uyarlığın gereklerini öğrenmeli. Uygarlığın gereklerini öğrenebilmek için de uygarlığın okulları tesis edilmeli.

Atatürk'ün yaptıkları esasen şapkadan tavşan çıkartmak değil, daha önce başlatılmış pek çok hareketin çok radikalize edilmiş devamıdır. Mesela imparatorluk, felakete gidildiğini gördüğü vakit kendince birtakım tedbirler almaya başlamıştır. Mesela Sultan Mustafa tüm din eğitiminden bağımsız Mühendishane-i Bahriyye'yi, Sultan III. Selim, Mühendishane-i Berri'yi kurmuş, Sultan II. Mahmut ilkokul tahsilini zorunlu kılmıştır, fakat bu zorunluluk sadece payitahtta uygulanabilmiştir. Başka yerlerde yaygınlaştırmak için ne imkân ne de yetişmiş insan gücü vardır çünkü. Sonra Osmanlı, Sultan Abdülaziz zamanında Mekteb-i Sultani'yi, yani Galatasaray Lisesi'ni kurmuştur, Darüşşafaka'yı kurmuştur. Ama hepsi bu...

Denilebilir ki, Fransa'da Katolik üniversitesi var, Belçika'da Katolik üniversitesi var, Amerika gibi ekseriyeti Protestan olan bir ülkede bile Katolik Üniversitesi var. Buna cevap olarak şunu söyleyebilirim: Bir El-Ezher'in programına bakılmalı, bir de Katolik üniversitelerinin programına bakılmalı. Alakası yok birbiriyle, El-Ezher yobazlık öğretiyor, Katolik üniversitesi büyük adamlar yetiştiriyor. Hasan Âli Yücel'in El-Ezher için kaleme aldığı çok güzel bir yazısı vardır. Şöyle der: "Gidip görüp de El-Ezher'e üniversite demek mümkün değildir."

Söylediğimiz gibi, Atatürk'ün gayesi, bilim temelli bir eğitim yaratmaktı. Osmanlı'dan devralınan sistemle böyle bir şey mümkün değil, dolayısıyla satın almaktan başka çare yok. Atatürk, Türkiye'yi devraldığında, yanılmıyorsam, gayrimüslim okulları hariç, yurt genelinde on sekiz tane lise var. Atatürk bu liselere emir gönderiyor, en iyi çocukları seçin, İstanbul'a gönderin, bir imtihan yapılacak ve bunlar arasından seçilecekler, çeşitli konularda Avrupa'da eğitim alacaklar.

Çeşitli konular seçiliyor, bu konular tabii Türkiye'nin öncelikleri. Belki şaşırtıcı gelecektir ama seçilen konular arasında arkeoloji var. Daha önce söylemiştim, henüz Sakarya Meydan Muharebesi devam ederken "Bu topraklar çok zengin, bir kültür umum müdürlüğü tesis etmemiz gerekiyor" demiş Atatürk, savaşın ortasında.

Sonra jeoloji var. Çünkü jeoloji servisine ihtiyacı var, zira ülkede kömür var, başka madenler var. Yeraltı kaynaklarını tanımak lazım, yerüstü kaynaklarını tanımak lazım, bunların organize edilmesi lazım.

1935 yılında Maden Tetkik ve Arama Enstitüsü'nü kuruyor Atatürk. Dikkatinizi çekerim, bir müdürlük olarak değil, bir enstitü olarak kuruluyor. Yani burada araştırma yapılacak ama icap ederse eğitim de verilecek. Sonra antropoloji var. Kendi insanımızı tanıyalım istiyor. Dünyada bizi yanlış tanıdıkları kanaatine sahip. Derdi, "O ırk iyi, bu ırk kötü demek değil fakat bir Avrupalılık iddiası var," ki haklı çıktı. Anadolu'da son yapılan kan tahlillerinden alınan DNA örnekleri gösterdi ki bu coğrafyada yaşayan halkın yüzde doksanı Doğu Asyalı değil, Hint-Avrupalı. Atatürk bunu göstermek için o zamanlar antropoloji ihtisasına ihtiyaç olduğuna kanaat getirmiş. Ardından, Antropoloji Enstitüsü kuruluyor. Türkiye'deki kongrelere gelen yabancı bilim adamlarından Eugène Pittard, ki İsviçreli çok büyük bir antropologdur, Atatürk'e hayran oluyor. Memleketine döndüğü vakit de, ciddi bir bilimsel dergide Atatürk'ün bilime verdiği desteği anlatan ve kendisinden övgüyle bahseden bir makale yazıyor.[1] Bilimsel bir dergide, gazetede falan değil.

***

Atatürk bir eğitim sıçraması yapmak için Tevhid-i Tedrisat'ı hayata geçirdi, yurtdışına talebe gönderdi. Peki bu gençler döndükleri zaman ne yapacaklar? Öğretmen olacaklar. Yurtdışına talebe göndermenin ana gayesi bu.

Yurtdışına tahsile gidenlerden biri de benim hocalarımdan, rahmetli İhsan Ketin. İhsan Bey lisans tahsilini bitiriyor, oradaki hocası "Sen çok başarılısın. Memleketine dönüp liseye öğretmen olman yazık olur. Kal burda ve doktora yap" diyor. Bunun için İhsan Bey Milli Eğitim'e müracaat ediyor ve doktora yapması için kalmasına müsaade ediyorlar.

Sonra Mustafa Kemal'in yurtdışına tahsile gönderilen bu telebelere söylediği bir söz vardır: "Sizleri birer kıvılcım olarak gönderiyorum, volkan olarak dönünüz." Ne müthiş bir nasihattır.

Yurtdışına giden, benim de öğrencileri olma imkânı bulduğum İhsan Ketin, Ekrem Akurgal, Sedat Alp gibi hocalarımdan bu hikâyeleri çokça dinledim. "Öyle bir heyecanla gittik ki, Almanlara tepeden bakıyorduk. Paramız daha değerliydi. Almanya kargaşa içindeydi. Hitler iktidara gelmeden evvel işsizlik yüzde elli civarındaydı. Günde yirmi-otuz kişi sokaklarda öldürülüyordu" diye anlatıyorlardı.

Ortak kanaatleri oranın bir cehennem, bizim vatanın ise bir cennet olduğu istikametindeydi. Almanlar bizimkilerle kendilerini yemeğe götürsünler diye arkadaşlık etmeye çalışırlarmış, çünkü bizimkiler daha zengin!

---

1 Pittard, E., 1939, Un chef d'état, animateur de l'anthropologie et de la préhistoire: Kemal Atatürk: Revue Anthropologique, 49. yıl, sayı 1-3, s.1-12 (Bu önemli makale İsviçreli antropolog Eugène Pittard'ın {1867-1962} gözünden dilin bir alfabe değiştirmesi sonucunda geçirdiği olumlu değişiklikleri anlatmaktadır. Ayrıca bkz: Pittard, E., 1939, Hommages à la mémoire d'Atatürk: Belleten, , v. 3, no. 10, pp. 175-182; aynı makalenin Türkçesi için bkz. 'Atatürk'ün hatırasını tazim', aynı yerde s. 183-189.).

Şimdi, bu insanların dönecekleri yer üniversite, Darülfünun. Fakat buranın durumu bir felaket. Sadece bir kişinin varlığından söz edebiliriz, o da Fuad Köprülü. Şahane bir Türkiyat Enstitüsü var. Köprülü, dönemin çok önemli bilim insanları olan Bartold, Karçkovski ve Oldenburg'un imzalarıyla Rus Bilimler Akademisi'ne seçiliyor. Hatta Köprülü, 1928 yılında Bartold'u Darülfünun'a davet eder ve Bartold, burada on iki ders verir. Sonra bu derslerin metinleri önce Türkçe, sonra da sair dillerde yayınlanır. Ardından da hep beraber Azerbaycan'daki meşhur Türkiyat Kongresi'ne giderler.

Şunu söylemeye çalışıyorum: Köprülü'den başka hemen hemen işe yarar insan yok Darülfünun'da. Atatürk de nihayetinde bir asker, nasıl tartacak bu vaziyeti? İsviçre'den Albert Malche davet ediliyor. Kendisi durumu tetkik ettikten sonra Mustafa Kemal'e bir rapor takdim ediyor. Özetle, "Ne burası üniversiteye, ne de buradaki hocalar üniversite hocalarına benziyor," der. Hocaların çoğunun diploması dahi yok.

Atatürk'ün Malche'ın raporunun kenarına düştüğü derkenarlar vardır. Bunlardan biri, çok enteresan: "Kıymetsiz öğrencinin cesareti ilk yıldan kırılmalı, üniversiteden uzaklaştırılmalıdır" diyor. Bu, bugün Avrupalıların yaptığı iştir. Herkesi alıyor üniversiteye, bir sene sonra büyük çoğunluğunu döküyor. Bir daha

Müderris Mustafa Reşit Beyin verdiği dersi dinlerken.

İstanbul Darülfünun'da sınavdan çıkan öğrencilerin arasında. 2 Temmuz 1933.

da giremiyorsun. Atatürk de aynı şeyi söylüyor. "En iyiler üniversite okumalıdır" diyor. Büyük tarihçimiz İlber Ortaylı bir keresinde ne demişti? "Her şehre bir üniversite açmak ahlaksızlıktır." Şimdi bu sözün ne kadar doğru olduğunu anlıyor musunuz?

Ardından, 1933 senesinde, bir gün içerisinde Darülfünun kapatılıyor ve ertesi gün aynı yerde İstanbul Üniversitesi açılıyor. Kapatıp açmanın teknik bir nedeni var. Kapatıldığı an oradaki bütün hocaların iş akdi de fesh olmuş oluyor. Tekrar açıldığında sıfırdan bir kadro kuruluyor.

Yeni üniversite, herkesi işe almak zorunda değil. Bir sürü insan dışarıda kalıyor. Birtakım kriterler esas alınarak yeni bir kadro tesis edilmiş. Kimisi üniversitede kalmış, kimsi birtakım liselere öğretmen tayin edilmiş. Fakat bir de Fuad Köprülü gibi bir insan var. Lise mezunu, ama Rus Bilimler Akademisi üyesi. Ne yapmalı? Biri, "İmtihan edelim" der. Buna İbnülemin Mahmut Kemal İnal'ın verdiği çok güzel bir cevap vardır: "Edelim, edelim de, imtihanı kime yaptıracağız?". Tabii Köprülü üniversitede ve enstitüsünün başında kalıyor. Sonra çeşitli kürsülerin başına atamalar yapılıyor.

Bu atamalar yapılırken Köprülü bazı politik atamalardan ötürü işlerin iyi gitmediğinin farkına varıyor ve bu durumu Atatürk'e şikâyet ediyor: "Bu iş böyle olmaz, bilimsel liyakat esas alınmalıdır" diyor. Atatürk o zaman ona ne cevap verdi bilmiyorum ama politik atamalar devam ediyor. Atatürk'ün zihninde olan şu: Cumhuriyeti yeni kurduk, bunu koruyacak insan lazım. Üniversitelerde de bu lazım. Birkaç tane kıymetli insan eleniyor mesela. Bunlardan Ahmet Refik Altınay önemli bir tarihçi, bunu eliyorlar. Ama Zeki Velidi Togan kalıyor, Fuad Köprülü kalıyor. Yani hakikaten büyük adamlar kalıyorlar. Dolayısıyla Atatürk çok büyük, gerçekten çok kıymetli adamları eledi denemez. Fakat bütün bunlar olurken, büyük bir şans eseri Almanya'da Naziler iktidara geliyor. Yahudileri, sosyal demokratları, sosyalistleri, komünistleri ve homoseksüelleri üniversiteden atıyorlar.

Birdenbire çok kaliteli bir grup, işsiz kalıyor Almanya'da. Bunun için Philip Schwartz önderliğinde İsviçre'de bir teşkilat kuruluyor ve işsiz kalan bu hocalar için dünyanın çeşitli yerlerinde iş aranmaya başlanıyor. Ardından Türkiye'nin böyle bir arayışta olduğu öğreniliyor ve Atatürk'e müracaat ediyorlar. Atatürk, "Alanında en iyi olanları istiyorum" diyor ve Prof. Schwartz bir süre sonra bir liste ile tekrar Mustafa Kemal'in yanına geliyor.

Burada diş hekimliğiyle ilgili enteresan bir olay yaşanır. Atatürk'e takdim edilen listede büyük diş hekimi Alfred Kantorowicz'in üstü çizilmiş. Atatürk sebebini soruyor. Schwartz, "Efendim, bu arkadaşımız diş hekimliği alanının en iyisidir, fakat ne yazık ki kendisi bir sosyal demokrattır. Şu anda da Lichtenburg Konsantrasyon Kampındadır, bunu getirtemeyiz. Reich Hükumeti bu arkadaşı bize teslim etmez. Bu sebeple listenin ikinci sırasında olan arkadaşı size öneriyorum" diyor.

Bunun üzerine Atatürk, "Sen onu bana bırak" anlamında bir şey söylüyor ve hemen Almanya'ya bir mektup yazılıyor. Profesör Kantorowicz isteniyor. Bu mektuba iki ay cevap gelmiyor. Schwartz zavallı, ellindeki listeyle tekrar geliyor. "Ekselans" diyor, "Zat-ı alinize arz ettim, vermezler bu adamı. Arzu ederseniz listenin ikinci sırasındaki arkadaşla irtibata geçelim." "Hayır" diyor Atatürk, Dışişleri Bakanı Tevfik Rüştü Aras'ı çağırıyor.

"Hemen Reich Hükumetine bir nota çek" diyor. "İki ay mektubumuza cevap verilmemesi Türkiye Cumhuriyeti Hükumeti'ne kasıtlı bir hakaret midir?" 48 saat sonra Profesör Kantoroviç serbest bırakılıyor ve İstanbul'a geliyor.

Atatürk, Reich Hükumetinin Türkiye ile kapışmak istemediğini gayet iyi biliyor. Bunun çeşitli sebepleri var. Ekonomik sebepleri var, psikolojik sebepleri var, Birinci Dünya Harbi'nden kalan arkadaşlık var; sonra Almanya Orta Doğu ve Kafkasya'da bir şey yapmak istediği zaman Türkiye'nin yardımına muhtaç. Atatürk bunu biliyor ve bu bilgisini gayet nazik bir şekilde kullanıyor.

Kantorowicz geliyor ve Türkiye'de diş hekimliğinin kurucusu oluyor.

Kantorowicz Türkiye'de diş hekimliği kürsüsünü kurduktan sonra İran Şahı'nın bir diş sorunu olur, protez yapılması lazımdır ama İran'da yaptıramıyor. Bizimkiler bir şekilde öğreniyorlar bu durumu. Atatürk, "Majeste, dünyanın en iyi diş hekimi bizim memleketimizde, arzu ederseniz sizi misafir etmekten memnuniyet duyacağız" der ve Şah'ı Türkiye'ye davet eder. Şah, Türkiye'ye resmi bir ziyaretle Atatürk'ün misafiri olur ve Şah için Dolmabahçe Sarayı'nda özel bir diş muayenehanesi kurulur. Kantorowicz Şah'ın dişlerine bakar ve ona bir protez yapar. Şah çok memnundur. Atatürk böylece komşusuna da mesaj vermiş olur: "Aradığın şeylerin iyisi bendedir."

(Schwartz'ın) getirdiği insanlar arasında konusunda çığır açmış isimler var. Matematikte Richard von Mises geliyor, muazzam bir insan. Felsefede Hans Reichenbach, Ernst von Aster; Yunan filolojisi ve felsefe tarihinde Walter Kranz; Tıpta, Frank; zoolojide Manyas Kuş Cennetini keşfeden Curt Kosswig; botanikte Alfred Heilbronn; deneysel fizikte Kurt Zuber. Mesela oryantalizmin dev ismi Hellmut Ritter geliyor. Hellmut Ritter, homoseksüel. Nazi Almanyasında yaşaması mümkün değil. Buraya geliyor, müthiş işler yapıyor. Fuat Sezgin gibi bir başka devi yetiştiriyor Türkiye'de. Ve daha nice hocalar ve öğrenciler... Sanki Almanya'nın entelektüel yarısı Türkiye'ye akıyor. Bütün bunlar olurken üniversite şaha kalkıyor. Denir ki, İkinci Dünya Savaşı sırasında en iyi Alman Üniversitesi İstanbul Üniversitesi idi.

Fakat bu insanlar sadece İstanbul'da ikamet ediyor veya istihdam edilmiyorlar. Ankara'ya bir hukuk mektebi lazım, açılıyor. Dil Tarih Coğrafya Fakültesi için planlar yapılıyor. Anadolu'nun göbeğinde Yüksek Ziraat Enstitüsü açılıyor. Çünkü Anadolu'nun modern ziraatı öğrenmeye ihtiyacı var. Modern ziraatın çok kaliteli isimleri getiriliyor Almanya'dan. Büyük jeolog Wilhelm Salomon-Calvi bu enstitüde hoca oluyor. Çok ciddi toprak etütleri yapıyorlar. Yetinilmiyor, çok ileri bir tarım ülkesi olan Rusya'dan bir ekip geliyor. Türkiye ziraatı hakkında koskocaman bir kitap yazılıyor ve bizim sivri akıllılar bunu tercüme ederken Türkiye'yi kötü gösteriyor diye bazı kısımları çıkartıyorlar. Bu kitabı derleyen adam da Nikolai Ivanovich Vavilov. Stalin zamanında, 1943'te, hapiste aç bırakılarak öldürülüyor.

Bütün bu gelişmeler yaşanırken Atatürk, üniversiteye başka görevler de verilmesi gerektiğini düşünüyor. Görevlerden biri Türkiye'nin tarihini incelemekti. Tarihi incelemenin iki amacı var: İlki bilim yapmak, ikincisi ise bir millet yaratma yolunda gerekli desteği almak.

Atatürk Türk şemsiyesi altında bir millet yaratmaya çalışıyor. Türk şemsiyesi altında derken, biyolojik bir şemsiyeden söz etmiyor. Bahsettiği şey şu: "Türkiye Cumhuriyetini kuran insanlara Türk halkı denir." Bu kadar. Atatürk'ün "Türkleri" böylece Anadolu'daki herkesi içeriyor: Kendine Türk diyenlerin yanısıra, Lazları, Çerkezleri, Gürcüleri, Kürtleri, Zazaları, Yahudileri vs. Kurtuluş Savaşı ve mübadele bittikten sonra onun "Türkler"ine Türkiye'de yaşamaya devam eden Rumlar ve Ermeniler de dahil olmuştur.

Bu şekilde tanımlanan millete bir de özgüven lazım. Evet, savaşlar kazanmak, okulları ayağa kaldırmak, başarılı dış ilişkilerle vs. muazzam bir özgüven kazanmış bir toplum söz konusu. Ama bunun da ötesinde biz, bize öğretildiği gibi geri kalmış, barbar, hımbıl bir millet değiliz. Bunun için bir tarih tezi ortaya atılıyor ve burada ölçü kaçıyor. Yazılıp çizilenden bütün medeniyeti biz yarattık gibi bir mana çıkıyor. Fakat bunun da müsebbibi Atatürk değil. Atatürk, Türklerin tarihi konusunda epey okuma yapıyor. Bunlar arasında Hüseyin Cahit Yalçın'ın tercüme ettiği, Fransız oriantalist ve tarihçi Joseph de Guignes'in

Hunların, Türklerin, Moğolların ve Daha Sair Garbi Tatarların Tarih Umumisi de var. Bu kitap Mete'nin Hunlarıyla, Attila'nın Hunlarının aynı halk olduğunun ilk kez ortaya atıldığı eserdir.

18. Yüzyıl'da, 1744 senesinde, bugün hâlâ taksonominin temeli olan çift isimli sınıflamanın kurucusu Carl von Linne şöyle bir tez atıyor ortaya: Nuh Tufanı sırasındaki gemi bir metafordu. Söz konusu olan bir gemi değil, bir dağdı ve adı da Cennet Dağı'ydı. Bütün hayvanlar ve insanlar bu dağda yaratıldılar. Bu dağ en soğuk iklimden, en sıcak iklime kadar, üzerinde her şeyi bulunduruyordu, herkes de burada yaşıyordu. Tufan olduğu zaman bu dağın önemli bir kısmı su altında kaldı ama hepsi değil. Dolayısıyla buradaki hayvanlar ve bitkiler yukarıya toplandılar, kurtuldular. Sular çekildikten sonra bunlar dünyaya dağıldılar. Bu, tarihteki ilk biyolojik dağılım teorisidir.

Linne'nin hemen ardından de Guignes meşhur eserini 1857'de yayınlar ve burada şu tezi ortaya atar: Yunanlıların bahsettiği bir dağ sistemi vardır. Anadolu'da başlar, Himalayalar'a kadar uzanır, adı da "Taurus"dur. 34. paralel üzerinde uzayan bir dağ sistemidir. Nuh Tufanı'nın ardından bu dağ sistemindeki insanlar ve diğer canlılar hayatta kalmayı başardılar ve iki gruba ayrıldılar. Bir kısmı güneye gitti; bunlar Hint, Çin, Hami ve Sami ırklarını oluşturdular. Bir kısmı da kuzeye gittiler; Türkler, Moğollar ve diğerleri. Bunlar buradan dağılmak suretiyle medeniyeti yaymışlardır. Çünkü göç edenler bir tek onlardır. Ötekiler gittikleri yerde kalmışlardır. Hintli, Hindistan'da kalmış; Çinli, Çin'de kalmış; Arap, Arabistan'da kalmış; Hami, Afrika'da kalmış. Ötekiler dağılmışlar.

Bu iddia Atatürk'ün hoşuna gidiyor. Sonra Atatürk'ün okuduğu kitaplar arasında Sven Hedin'in kitapları da var. Hedin, bir Orta Asya kâşifi. Orta Asya'da bulduğu şeylerden biri de bugün kurumuş olan büyük göller. Sonra Atatürk, bütün bu okudukları üzerine bir teori kuruyor. Tarih çağlarının başında Orta Asya'da bir iç deniz var ve iklimin kötüleşmesiyle bu deniz kurudu, insanlar buradan göç etmek zorunda kaldı. İşte dünyaya medeniyeti dağıtan insanlar burada giden insanlardır, bunlar da Türklerdir.

Bunun üzerine Atatürk'ün emriyle *Türk Tarihinin Ana Hatları* adlı bir kitap yazılıyor ve kitaptan sadece yüz adet basılıyor. Bir de atlas yaptırıyor Atatürk, bundan da ne hikmetse yüz elli adet bastırıyor. Bir de bu kitabın ilk bölümüyle meşhur Türkiyatçı Cahun'un yazmış olduğu bir makale var, onu da Türkçeye tercüme ettiriyor, bu ilk bölümün arkasına koyduruyor, küçük bir kitap yaptırıyor, bundan da otuz bin adet bastırıyor. Bu, halk için.

Fakat o yüz tanelik kalın, koca kitabı uzmanlara dağıttırıyor. Uzmanlardan şunu istiyor; okuyun ve tenkit edin. Sonra güya bir seri etüt geliyor. Bu serinin adı da *Umumi Türk Tarihi Müsveddeleri*'dir. Atatürk bunları okuyor, maşallah hepsi, "Paşam ne iyi düşünmüşsünüz", "Ne kadar doğru demişsiniz" vs. Atatürk "Olmadı. Tenkit istiyorum. Medhiye istemiyorum" diyor.

İkinci bir dağıtım yapılıyor, tekrar görev veriliyor. Bu sefer *Umumi Türk Tarihi Müsveddeleri Seri 2* toplu başlığı altında daha kalabalık bir seri geliyor. Atatürk okuyor, yine "Olmadı" diyor. Çok daha dar bir gruba üçüncü defa dağıtıyor ve nihayetinde tatmin olmuyor.

Geoffrey Lewis'in bir lafı var: "Atatürk sıkı bir tartışmaya bayılıyordu ama bunu yapacak insan yoktu etrafında." Atatürk kendine kafa tutulmasını isteyen bir insandı, bunu anlıyoruz. Bu, aynı zamanda dehanın da bir işaretidir; her türlü fikirden istifade etmek. Birkaç çok yakın arkadaşı dışında etrafında bunu yapacak insan yok ve Atatürk bunun çok açık bir şekilde farkında.

Ardından Türk Tarih Kurumu kuruluyor ve Atatürk bu kuruma bir görev veriyor: "Tarihin görevi, hadiseleri olduğu gibi aksettirmektir. Eğer tarihçi doğruyu söylemezse hadiseler insanı şaşırtacak bir mahiyet alır." Özetle, doğru dürüst bilim yapın diyor. Tarih ne diyorsa onu öğrenelim diyor.

Kendi tarih tezi unutulup gidiyor mu? Atatürk unutulmasını istediği halde hayır! Dalkavuklar Atatürk öldükten sonra devam ediyorlar. Sonraları, hattâ maalesef başbakan bile olmuş bir profesör vardır, Şemsettin Günaltay; "Türk Tarih Tezi Hakkındaki İntikatların Mahiyeti ve Tezin Kat'i Zaferi" diye bir makale bile yazıyor Atatürk'ün öldüğü sene. Öyle bir zafer falan yok ortada, Atatürk dahi iddia etmiyor bunu. Ama bu dalkavuk sürüsü bu iddiayı bilimsellikten çıkartıyorlar, propaganda haline getiriyorlar. Buna Kemalizm demek mümkün değil, zira Kemalizm; tenkittir, doğruyu aramaktır, bilimsel düşüncedir. Bunlarınkine dalkavukluk denir. Kemalizm'in adı böyle dalkavuklar yüzünden kötüye çıkmıştır.

"Türk Tarih Tezi" yüzünden Atatürk'ün yakın çevresiyle başı derde de giriyor. Mesela, (Fuat) Köprülü "Böyle zırvalık olmaz" diyor. Atatürk bu kişileri tezlerini müdafaaya çağırıyor. Köprülü müdafaa ediyor tezini. Zeki Velidi Togan tezini müdafaa ederken sesini biraz fazla yükseltiyor. Atatürk de bir gün Uludağ'da kayak yaparlarken şöyle bir laf ediyor Togan'a: "Bir memlekette iki Cumhurbaşkanı olmaz." Zeki Velidi, bir zamanlar Başkurdistan başkanıdır, bu söze içerliyor ve İstanbul'u terk ediyor, Almanya'ya gidiyor.

Üniversitede sürtüşmelerinin ardı arkası kesilmiyor. Fakat bu sürtüşmeler genellikle bilim adamları arasındaki çekişmeler. Birbirlerini yiyorlar. Bir tanesi Atatürk yardakçılığı yapmaya çalışıyor, öteki "Dur be kardeşim, ilim var, bilim var" diyor. Dolayısıyla Atatürk'ün istediği gibi gitmiyor işler. Köprülü, 1946 yılında *Vatan* gazetesinde Atatürk'ün üniversite reformunu tenkit eden dört makale yayınlamıştır. Belli ki bunlar zamanında Atatürk'e söylediği laflar. Bunun 1946'da yayınlanmasının sebebi de şu: Aynı dönem Hasan Âli Yücel, üniversiteye muhtariyet, yani özerklik verelim, diyor. Köprülü buna şiddetle karşı çıkıyor. Üniversitedeki o zamanki insan malzemesiyle özerkliğe gitmenin felakete yol açacağını anlatmaya çalışıyor. *Vatan* gazetesinde yayınladığı makalelerindeki temel tenkidi de bu zaten. Mealen şunları söylüyor: "Üniversite reformu yapıldığı zaman da söylemiştim, kürsülerin başına politik atamalar yapmak bilim adına felaketle neticelenir. Mutlak surette dünya çapında bilim adamlarını kürsü başlarına atamak zorundayız, bulamazsak yurtdışından getirmek mecburiyetindeyiz. Bilim başka türlü yerleşmez. Senin bilimin, benim bilimim olmaz. Bilim neyse bu oyunu onun standartlarında oynamak zorundayız."

Atatürk dinlemediği gibi, Hasan Âli de Köprülü'yü dinlemiyor. Halbuki Köprülü, Hasan Âli'nin hocası, hatta bu sebepten aralarının açıldığı da söylenir. Çünkü Köprülü kati surette bilimden taviz vermiyor. Tarih pek acı bir şekilde Köprülü'nün ne kadar haklı olduğunu göstermiştir.

Köprülü'nün, Adnan Adıvar gibi, Halide Edip gibi, kızdığı bir şey daha var. Bilim diktatörlükle olmaz, diyor. Tabii bunu kürsüden söylemek kolaydır. Politikanın başına geçince her şey bir anda değişiyor. Dışişleri Bakanı oluyor Köprülü, Demokrat Partili olan kendi arkadaşlarıyla arası açılıyor. Sonunda vazifeyi bırakıp çekip gidiyor, kendisine göre bir iş olmadığını anlıyor politikanın.

Dolayısıyla Atatürk, üniversite reformunu yaparken şansın da yardımıyla, yani Almanların da gelmesi neticesinde, İstanbul'da ve Ankara'da ciddi birer üniversite kurmayı başarıyor. Atatürk'ün vasiyeti sayabileceğimiz bir de isteği var: "Bize bir üniversite daha lazım. O da Van'da" diyor. 1952 senesinde Demokrat Parti hükumeti böyle bir adım atmak istiyor ve bir etüt yaptırılıyor. Dikkatinizi çekerim, etüt yapmak Atatürk'ten kalan bir alışkanlıktı. Van'daki üniversitenin görevlerini konu alan bir kitap neşrediliyor.* Bu kitapta bütün Doğa Anadolu'nun coğrafyası, ekonomisi, yol şartları, etnografisi var. Üniversite kurulurken bütün bunlara dikkat etmek lazım. O zamanlar Türkiye'sinin en iyi isimleri makaleler yazmışlar o kitapta[2]. O kitabı okuyunuz ve bir üniversite nasıl kurulur, öğreniniz, sonra da günümüzdeki durumla karşılaştırınız. O zaman İlber Ortaylı'nın yukarıda alıntıladığım sözünün ne kadar doğru olduğunu bir defa daha göreceksiniz.

Harf Devrimi gerçekleştirildikten ve devamında halk okur-yazar olduktan sonra, liseler, üniversiteler kuruldu, halk birbirleriyle konuşur hale getirildi, halkta ülkü birliği yaratılmaya çalışıldı, eğitim devrimi yapıldı, dünyayla entegre olmaya çalışıldı. Şimdi bir de halkın bireylerinin birbiriyle olan ilişkilerini düzenlemek gerekiyordu.

Osmanlı'da doğru dürüst bir hukuk yok. Azınlıkların hukuku ayrı, Müslümanların hukuku ayrıydı. İngilizler arasındaki ihtilafta İngiliz konsolosu devreye giriyor vs. Kapitülasyonlarla

2 Ongunsu, H., Cıvaoğlu, İ., Darkot, B. ve Türkmen, A., 1952, *Doğu Üniversitesi Hakkında Rapor*. Millî Eğitim Basımevi, İstanbul, 89 s.+ 1 renkli katlanır harita.

vermişiz bu hakları. Yabancılara benzer haklar, (İngiltere tarafından) mesela Tayland'da da verilmiş. Kraliyet mürebbiyesi Anna Leonowens'in yazdığı kitap sayesinde Avrupa'daki okumuş halk kitlelerince de iyi tanınan Kral Mongkut (V. Rama) bu tür anlaşmalar yapmış İngilizlerle. Fakat kapitülasyon halinde vermemiş bu hakları, karşılıklı anlaşmalar yapılmış, sınırlar konmuş.

Bizde Atatürk'ün yaptığı devrimlerin çok benzerleri, Tayland'da Kral Mongkut ve oğlu Chulalongkorn'un (VI. Rama) zamanında yapılmış. Kral Mongkut da, "Dünyada bir tane medeniyet var, biz de ona dahil olacağız" deme cesaretini göstermiştir. Bu kararı alan kral içten, inançlı bir Budist idi, ama bu cesur karar, tüm çevresi sömürge olurken Tayland'ın bağımsızlığını korumasını mümkün kılmıştır.

Daha önce de değindiğimiz gibi, Atatürk'ün devrimlerinin benzerlerini daha önce yapanlar da var; mesela Rusya'da Büyük Pedro var. Pedro şunu söylüyor: "Avrupalılar bize barbar diyor, yabani diyor. Biz medeni olacağız, ilk adım olarak da onlar gibi giyineceğiz. Sonra bu sakalları keseceğiz. Bir Rus Boyarına, asilzadesine sakalını kes demek, kafanı kes demek gibi bir şey. Pedro, öyle ya da böyle sakalları kestiriyor.

Kestirmekle de kalmıyor, "Sen" diyor, "O babandan gördüğün deri kıyafetleri, kürk kaftanları giymeyeceksin. Avrupalı ne giyiyorsa sen de onu giyeceksin. Kafandaki börkü de çıkart, bu üç kenarlı şapkaları tak, bundan sonra bunları giyeceksin" diyor. Bunu dayatıyor Pedro.

Hukuk konusuna tekrar döneceğiz ama onun evvelinde kıyafet konusuna bir miktar daha devam edelim. Osmanlı'da halk birbirine baktığı zaman kaleidoskop görmüş gibi oluyordu. Herkesin kıyafeti başka. Rum'un kıyafeti başka, Ermeni'nin kıyafeti başka, Türk'ünki başka vs. Sultan Mahmut sarığı kaldırmış, fes giymeyi zorunlu kılmış ama sarık bir süre sonra halk arasında tekrar hayat bulmuş. Çünkü sarık takıldığı zaman dindar oluyorum zannediliyor. Farkında değil ki sarık çölün şapkasıdır, çölde de çok faydalıdır. Neden? Çünkü adam sarığını açar, kum fırtınasında yüzünü korur. Sarık çok katlı bir bez olduğu için de başını sıcaktan korur. Bir sürü fonksiyonu var. Soğuktan da korur. Sabahleyin elli derecenin üstüne çıkıyor sıcaklık, akşam on dereceye düşüyor çölde. Büyük Sahra'da, Kufra vahasının güneydoğusunda, Çad/Mısır/Libya sınırlarının bitiştiği yerlerin yakınlarında jeolog olarak çalışırken sarık çölde neden gereklidir ve neden Türkiye'de gereksizdir diye ilk defa anlamıştım. Burada sarıkla dolaşmak, ama orada da sarıksız dolaşmak enayiliktir.

Sultan Mahmut bunu fark etmiş ve şöyle talimat vermiş: "Madem medenileşiyoruz, Avrupa'ya benzeyeceğiz, şalvar giymek, çarık giymek, sarık takmak, kaftan giymek artık yasak. Pantolon giyeceksin, ceket giyeceksin (İstanbulin denen yakasız türü), adam gibi ayakkabı giyeceksin, kafana da fes takacaksın."

Aslında bir Balkan serpuşu olan fesin önemi, siperliğinin olmamasından kaynaklanıyor. Başı açmadan secde edilebilir. Dolayısıyla Müslüman'a uyan bir şapka diye düşünülmüş. Fakat burada da şöyle bir sıkıntı var; Türkiye'de fes imal edilemiyor. Çok ilginçtir ki, bir kumaşı boyayıp, doğru dürüst bir fes yapılamıyor. Fesler Viyana'dan geliyormuş. İstanbul'da fes yapmaya çalışan birkaç küçük imalathane varmış, ama yağmur yağdığı zaman feslerin boyaları akar, takanların yüzü kırmızı boya içinde kalırmış. Bundan da kimin kaliteli (yani ithal) kimin de kalitesiz (yani yerli) fes taktığı hemen belli olurmuş.

Sultan Mahmut bir de şunu yapmış; halka örnek olabilmek için fesli ve ceketli resmini devlet dairelerine astırmış. Halk o dönem halifesine, padişahına "Gâvur" lakabını takmış. Atatürk aynı işi daha da ileriye götürüyor, şapka giyilmesini zorunlu kılıyor, fesi kaldırıyor. Büyük Pedro da aynı işi yaptırmış, börkü kaldırıp şapkayı koymuş.

Atatürk, Avrupa medeniyetinin şekli öğelerini almakla itham edilir sıkça. Evet bunlar Batı medeniyetinin şekli öğeleri ama bunun bir manevi, psikolojik etkisi olduğu nasıl ihmal edilebilir? Aynada kendine baktığın vakit kendini bir Avrupalı gibi görüyorsun. Atatürk zamanının Türkiye'sine bakalım. Hanımlar şapkalı, beylerde enfes güzel kıyafetler, saçlar briyantinli. Burası bir Avrupa ülkesi diyorsun.

Sonra, etnik unsurlar arasındaki görünüm farkı ortadan kaldırılıyor. Yunanlı, Yunanlı gibi giyinmiyor, Ermeni, Ermeni gibi giyinmiyor, Kürt, Kürt gibi giyinmiyor vs. Herkes bütün medeni dünya nasıl giyiniyorsa öyle giyiniyor. Yani kıyafet hususunda bir yeknesaklığa gidiliyor.

Bu kültürel farkların silinmesi, asimile edilmesi demek değil. Kültürel farklar var ve herkes kendi kültürünü yaşamakta ve yaşatmakta serbest, ama kamusal alanda, gündelik hayatta birlik esastır. Bu (farklılıkları) kaldırıyor, dolayısıyla Kıyafet Devrimi geliyor.

Kadına hayvan muamelesi yapılmasını mümkün kılan en önemli vasıtalardan birisi, kadının giyim kuşamıydı. Osmanlı,son dönem İstanbullular hariç, kadının yüzünü açtırmıyor, saklıyor. İyi de kadın senin hayvanın mı? Atatürk'ün Kastamonu konuşmasından bir bölümü hatırlatmakta fayda görüyorum:

"Efendiler, Türkiye Cumhuriyeti'ni kuran Türk halkı medenidir. Tarihte medenidir, gerçekte medenidir. Fakat ben sizin öz kardeşiniz, arkadaşınız, babanız gibi size diyorum ki, Türkiye Cumhuriyeti halkı fikriyle, zihniyetiyle medeni olduğunu ispat etmek ve göstermek zorundadır; medeniyim diyen Türkiye Cumhuriyeti halkı aile hayatıyla, yaşayış tarzıyla, medeni olduğunu göstermek zorundadır. Kısacası medeniyim diyen Türkiye'nin gerçekten medeni olan halkı baştan aşağı dış vaziyetiyle de medeni ve olgun insanlar olduklarını fiilen göstermek zorundadırlar. Bu son sözlerimi açıkça ifade etmeliyim ki, bütün memleket ve dünya ne demek istediğimi kolayca anlasın. Bu açıklamalarımı, bir sualle yöneltmek istiyorum, soruyorum:

"Bizim kıyafetimiz milli midir?

"Bizim kıyafetimiz medeni ve milletlerarası mıdır?

"Size katılıyorum. Tabirimi mazur görünüz, altı kaval üstü şişhane diye ifade olunabilecek bir kıyafet ne millidir ve ne milletlerarasıdır."

"O halde kıyafetsiz bir millet hiç olur mu? Arkadaşlar, böyle nitelendirilmeye razı mısınız? Çok kıymetli bir cevheri çamurla sıvayarak aleme göstermekte mana var mıdır? Ve 'Bu çamurun içinde cevher gizlidir, fakat anlayamıyorsunuz' demek isabetli midir? Cevheri gösterebilmek için çamuru temizlemek gerekli ve doğaldır. Bu kadar açık gerçek karşısında tereddüt caiz midir? Bizi tereddüde sevk edenler varsa, onların ahmaklığına hükmetmekte hâlâ tereddüt mü edeceğiz?

Arkadaşlar, Turan kıyafetini araştırıp canlandırmaya gerek yoktur. Medeni milletlerarası kıyafet, milletimiz için layık bir kıyafettir. Onu giyeceğiz. Ayakta iskarpin veya potin, üstünde pantolon, yelek, gömlek, kravat, ceket ve doğal olarak bunların tamamlayıcısı olmak üzere başta 'siperi şemsli serpuş', bunu açık söylemek isterim, bu başlığın ismine 'şapka' denir.

Şapkaya itiraz edenler vardır. Yunan başlığı olan fesi giymek caiz olur da şapkayı giymek neden olmaz? Ve yine onlara ve bütün millete hatırlatmak isterim ki, Bizans papazlarının ve hahamlarının özel kılığı olan cüppeyi ne vakit, ne için ve nasıl giydiler?"

Atatürk toplumdaki cinsler, etnik unsurlar, dini unsurlar arasındaki farkları mümkün olduğu kadar törpülemeye çalışıyor ki, herkes bir potada birbiriyle konuşan insanlar haline gelebilsin. Aksi takdirde ülkü birliği ve millet olmak mümkün değil. Millet olmadığın zaman kendini dışarıya karşı koruman mümkün değil. Atatürk bunun sıkıntısını bütün şiddetiyle çekmiş bir neslin üyesi. Arka arkaya harp kaybetmişiz. Kaybettiğimiz en acı harpler, Osmanlının kendi tebaaları tarafından sırtından vurulduğu harplerdir. Balkan Harbi böyledir. Birinci Dünya Harbi'nde Arapların bize yaptığı budur, doğuda Ermeni çetelerinin yaptığı budur; Büyük Taarruz'dan sonra Yunan Ordusuyla birlikte kaçan yerli Rumların yaptığı budur. Osmanlı bu unsurları bir millet, bir ulus haline getirememiştir; bunları birbirlerini anlar, birbirlerini sever, birbirlerine bağlı toplumlar haline sokamamıştır. Benim Müslüman anneannemin annesi İkbal Hanım kendi dilini neredeyse unutacak kadar Rumca öğrenmiş (merhume namaz duasını bile Rumca olarak yapardı), ama ne bir Yunanlı'ya ne bir Bulgar'a ne bir Sırp'a ne de bir Arap'a Türkçe öğretebilmişiz. Atatürk ise, yirmili yıllarda artık dünyanın çeyrek asır öncesi ile aynı dünya olmadığının farkındadır. Haberleşme hızlanmış, seyahat kolaylaşmıştır. İnsanlar dünyayı daha hızlı tanımaktadırlar. Kendi kabuğumuza saklanmanın artık imkanı olmadığı gibi zaten gereği de yoktur. Onun nesli kendi kabuğunda yaşamanın en çok zararını gören nesildir, çünkü bir devlet kaybetmiş, kendisi gibi pek çokları vatanlarını bile yitirmişlerdir.

Osmanlı için söylüyorum, sen bu insanlara kültür verememişsin, dilini verememişsin, âdetini verememişsin, teşkilatını verememişsin, hiçbir şey verememişsin. Adam seni istemiyor.

Şimdi bugün, sıkça Araplarla ilgili şunu işitiyoruz: "Bizi istemeyen Suud Ailesi'dir..." Hayır, böyle bir şey yok. Ben Suudi Arabistan'da da bulundum, petrol şirketlerine danışmanlık yaptım, Libya'da arazide çalıştım. Halk da katiyen sevmiyor Osmanlı'yı. Türk dediğiniz vakit, "Siz bize neler çektirdiniz" diyor.

Hiç unutmuyorum bir gün Londra'da sevgili dostum Graham Evans'ın evinde kalıyorum. Graham Evans, hanımıyla bir davete gidecek, beni de, evde yalnız bırakmamak için, davet sahibinden izin alarak davet etti. Evine gittiğimiz kişi Billy isminde, hiç evlenmemiş, yaşlı bir adam. Belli ki entelektüel bir adam, zengin bir adam.

Gittiğimizde gördüm ki, bizim dışımızda davetliler de var. Bunlardan birisi İskoçyalı bir bankacı, New York'ta yaşıyor, yanında da hanımı Fatma, Suriyeli. Masanın etrafında oturduk, Graham beni takdim etti. Fatma, benim Türk olduğumu duyar duymaz, "Siz Türkler bize onu ettiniz, siz Türkler bize bunu ettiniz, sizin yüzünüzden biz bu halde kaldık vs" diye başladı verip veriştirmeye.

Misafir olduğum bir yerde tatsızlık çıkarmanın manası yoktu, bir şey demedim. Sonunda ev sahibi dayanamadı, "Bak Fatma" dedi "Deminden beri Türklere sövüp duruyorsun. Şimdi unutma, senin yaşadığın yerdeki ilk tren yolunu onlar yaptı. Bugünlerde eski müstemleke imparatorluklarını kötülemek âdet oldu. Ben 23 yaşında Oxford'dan mezun oldum. İlk gittiğim yer Sudan'dı. Gittiğim dönemde Sudan, İngiliz İmparatorluğu'nun bir parçasıydı. Sudan'da trenler hareket ediyordu, çocuklar okula gidebiliyordu, millet yemek bulabiliyordu. Bugün bağımsız olmuş olan Sudan'a gidersen görürsün. Trenler bitmiş, okullar kalmamış, herkes birbirini yiyor. Türkler de bizim gibi böyle şeylere mani olmaya çalıştılar. Çok başarılı oldular diyemem, ama siz de onlara ihanet ettiniz" dedi.

Bu konuşma üzerine kadıncağızın şikayetleri bitti. Şunun için anlatıyorum bütün bunları: Bir Suriyeli kadından bunları dinledim; Suudi Arabistan'da bizzat bulundum, orada halktan dinledim; Libya'daki köylüden dahi aynı şeyi dinledim. Hiç kimse birbirini aldatmasın, buradaki insanlar bizim Müslüman kardeşlerimizdir diye. Ne yapmış Türkler onlara? Fakir ve cahil bırakmışlar. Bu kadar. Bu yetiyor. Bingazi'ye gidiyorum, İtalyanca bilen var, Türkçe bilen yok. Cezayir'e bakalım, herkes Fransızca biliyor, Fransız mektebine gitmiş, gidiyor, öğreniyor, dünyaya entegre olabiliyor. Belki biraz iddialı bir tez olacak ama sömürge imparatorluklarının yüz sene gibi bir zaman erken çöktüğü kanaatindeyim. Yüz sene daha yaşasalardı dünyadaki bu sorunlar olmayacaktı. Bu felaketin da sorumlusu Amerika'dır. Bugün emin olunuz ki Hindistan dünyaya daha entegre bir toplum, hatta Pakistan dahi öyle. Nobel ödülü alan bir bilim adamı var Pakistan'ın. Hem de fizikte; barışta, edebiyatta değil. Fizikte Abdülsselam çıktı.

***

Şimdi Atatürk, eğitim birliği, kıyafet birliği, dil birliğiyle birbirini anlayan, birbiriyle yaşamak isteyen bir toplum yaratmaya çalışıyor, bunun bir ayağı da hukuk demiştik. Daha önce söylediğim gibi, Osmanlı'nın ortak bir hukuku yok. Müslüman'a ayrı hukuk, devlet işlerine ayrı hukuk, gayri Müslimlere ayrı hukuk var. "Ekspat" denilen, yurtlarından ayrı yaşayan yabancılar, mesela İngilizler, Almanlar, Fransızların ayrı hukukları var.

Atatürk bunun böyle yürümeyeceğinin farkında. Bir Yahudiyle bir Müslüman davalı olursa mesela kim bakacak bu mahkemeye? Dolayısıyla tek bir adalet mekanizması olmalı ve bu, bu topraklarda yaşayan herkesi ilgilendirmelidir.

Dünya bazı ilkel kanunların artık işe yaramadığını, istenen neticeyi vermediğini görmüş. Mesela hırsızın elini kes. Olmuyor. Yine hırsızlık yapılıyor. Sonra ya yanlış itham edilmişse adam, elini geri veremiyorsun. Bu ilkel kurallardan kurtulmak gerek. Şeriat kanunları karanlık çağlarda icat edilmiş kanunlardır. Herhalde buna kimse itiraz edemez. Bu eksikliği ilk fark eden Emeviler'in Mezopotamya genel valisi ve daha sonraki savaş bakanı Al-Haccac bin Yusuf'tur (661-714). Haccac vergi kanunlarını Şeriat'ın hükümleri dışında düzenlemiştir.

Şimdi hukukun ve ahlakın ilgilendiği en önemli soru şu: İnsanlar arasındaki ilişkiyi düzenlemek, bir insanın diğerine haksızlık yapmamasını sağlamak. Daha önce de konuşmuştuk, bir altın kural var: Kendine yapılmasını istemediğini başkasına yapma. Fakat bunun yetmediği yerler var. Toplum içinde bazı ilişkiler var ki sırf iki insan arasındaki ilişkiye dayanmıyor. Mesela, müesseseler arasındaki ilişkiler söz konusu. Bunları nasıl düzenleyeceğiz? Burada da rasyonalite devreye giriyor; kanunları yapalım ama aksadığı yerleri eleştirel olarak düzeltelim. Böyle bir imkân olsun. Yani hukukta dogma olmasın.

Atatürk şunu söylüyor: Biz modern hukuku alalım, kendi memleketimize uyarlayalım, bir de hukuk felsefesi alalım. (Hukuk felsefecisi Alman Ernst Hirsch, bu nedenle Türkiye'ye davet edilmiştir.) Bu hukuk felsefesi bütün toplumu kucaklasın, uluslararası camiayı kucaklasın. Hukukumuz bizim uluslararası camiada da başımızın dik olmasını sağlasın. Biz yabancılarla olan hukuk ilişkilerimizi de medeni çerçevede çizelim, onlarca da kabul edilsin ama bizce de kabul edilsin. Başkaları bize hukuk empoze edemesin.

Bu fikri müteakip kapitülasyonlar hızlı bir şekilde kaldırılıyor: "Benim memleketimdeki davalara benim mahkemem bakar; ben de bu davalara ne imamı, ne hahamı, ne papazı ne de başka memleketin konsolosunu karıştırırım; burada hukuk fakültesinden mezun, hukuku meslek edinmiş, tecrübe kazanmış insanlar yapar bu işi," diyor. Dolayısıyla hukuk yepyeni bir çevre ve çehre kazanıyor. Hukuk devrimi dediğimiz şey budur.

Bir arada yaşamanın gereklerini ve hukuku düzenledikten sonra, dışarısıyla alışveriş yapacağız, ticaret yapacağız. Fakat büyük bir sorun var; Müslüman ticaret yapmıyor. Bu feci bir durum. O zamanın şirketlerinin hepsi ya Rumların ya Ermenilerin ya da Levanten denilen eski İtalyan kalıntılarının. Arada İngilizler ve Fransızlar da var (benim İngiliz hocalarımdan Prof. Kevin Burke'ün bir büyük teyzesi mesela İzmirli bir İngilizmiş). Müslüman asker ya da memur olur, hepsi bu. Bugün herkes üniversiteye gitmek, bir diploma sahibi olmak istiyor. Bu külliyen yanlış... Herkes üniversite mezunu olamaz, olmamalı. Neden üniversite mezunu olmak istiyorlar, bir şirkete veya devlet dairesine girsin, kendi bir şey yapmasın, teşebbüste bulunmasın, aylık garanti maaşını alsın, hiçbir risk almasın. Bu Osmanlı'dan bize kalan en feci miras. Böyle bir yaşam olamaz. Bu evrim kanununa aykırı. Mücadeleye girecek, kaçmak yok.

Mücadeleye girebilmek için de bazı şartların eşit olması gerekiyor. Her şeyden evvel mücadele edeceğin veya ticaret yapacağın kimselerle aynı ölçü birimlerini kullanman gerek. Oysa bizde muazzam bir ölçüler keşmekeşi var.

Wolfgang Liepmann, İstanbul Üniversitesi'nde jinekolojinin kurucusu Wilhelm Liepmann'ın oğlu. Wolfgang Liepmann, İstanbul Üniversitesi'nde öğrenciyken bir gün fizik dersinde, polislerin geldiğini, bütün ölçü aletlerini götürdüklerini anlatır. Ertesi gün geldiklerinde ise bütün ölçü aletleri gelmiş ama hepsi artık metrik olmuştur. Türkiye bir gecede metrik sisteme geçmiştir.

Prof. Liepmann bana Pasadena'da, Caltech'de misafir profesör olduğum sene, beraber yediğimiz bir akşam yemeğinde bunu anlattıktan sonra gülerek "Amerika iki yüz senedir bunu başaramıyor" demişti, oysa Atatürk bir gecede halletmişti sorunu. Amerika endüstrisini kurduğu yıllarda en çok ticaret yaptığı adamlar İngilizce konuşuyor ve o günlerde metrik sistem dünyada henüz oturmamış durumda. O zamandan bu zamana da yerleşmiş sistemini bir türlü ıslah edemiyor, çakılıp kalmışlar İngiliz sistemine. Bugün değiştirmeye çalışıyorlar ama böyle bir değişim endüstriye o kadar büyük maliyetler getiriyor ki, bir türlü yapamıyorlar. Bir taraftan da başları derde giriyor, çünkü üniversitelerinde, liselerinde okuttukları bilim metrik sistemde. Çocuk mezun oluyor, öğrendiği sistem metrik, uğraştığı sistem İngiliz sistemi.

Atatürk'ün büyük şansı böyle bir hamle yaptığı dönemde ülkede dikkate değer bir endüstri yok. Dolayısıyla bir gecede yepyeni bir ölçü sistemi geliyor. Metrik sisteme geçiyoruz. O zamana kadar Avrupa'nın tamamı metrik sisteme geçmiş, İngiltere hariç. Biz Kıt'a Avrupasında birden bire entegre oluyoruz. Artık kaç ton satacaksın belli, kaç metre satacaksın belli, sıkıntı kalmadı.

Bir başka sıkıntı takvim ve saatler.

1904 senesinde Lord Ronaldshay, İstanbul'a geliyor. Daha sonra yayınladığı kitabında (Lawrence John Lumley Dundas, Marquis of Zetland, Earl of Ronaldshay, 1904, *On the Outskirts of Empire in Asia*: William Blackwood and Sons, Edinburgh and London, s. 31.) bu seyahatinden şöyle bahseder: "İstanbul'a geldim, her tarafta Batı usulü ticaret yapılıyor, fakat atmosfer tamamen Doğu. Saatine bakıyorsun, günün ortası. İstasyon saatine bakıyorsun, eğer varsa, saat yedi buçuğu gösteriyor. Bunun bir izahı olmalı. Anlatıyorlar: Türkiye'de güneşin batımı yarımdır.

Yani güneş ne zaman batıyorsa tam o vakit bütün saatler on iki otuza ayarlanıyor."

Yani elalem saat 12'yi yaşarken biz saat yediyi yaşıyoruz. Dış dünya ile ilişkilerini layıkıyla ve diğer bütün medeni memleketler gibi kurmak için zamanı düzenlemek, dünyaya uymak gerekiyor. Lord Ronaldshay'in aktardığını okuduk. Bu hikâyeyi aktardığı tarih, 20. Yüzyıl. Garip bir saat sistemi. Bundan kurtulmanın gerekliliği çok açık. Saat on iki dediğin zaman bütün dünyanın anlaması lazım. Mesela bir deprem olduğunu düşünelim. Bunu dünyaya nasıl duyuracağız? Kendi saatimizle mi, medeni dünyanın kullandığı saatle mi? Efendim, mahalli saatler zaten değişiktir diye bu gariplikten kurtulmanın imkanı yok, çünkü medeni dünyada mahalli saat farkları meridyenlere göre ayarlanır, güneşin batış zamanına göre değil. Güneş her gün her noktada değişik saatlerde batar. Böyle bir keşmekeş ile yaşamak akıl karı olamaz. Zamanın düzenlenmesi derken söz konusu olan sadece saat değil. Takvimlerin de düzenlenmesi gerekiyor. Osmanlının kullandığı iki ayrı takvim var. Bir mali takvim, diğeri de hicri takvim. İkisi de dış dünyanın kullandığı ortak zaman birimiyle uyumsuz. Bir Avrupalıyla aynı tarihten söz etmek için her iki takvimde de ciddi hesap kitap yapmak icap ediyor. Aksayan günler, fazla günler, bütün bunları ayarlamak lazım.

Oysa böyle bir külfete katlanmanın hiçbir faydası ve manası yok. Bütün bunlarla uğraşacağına uygar dünya hangi takvimi kullanıyor ise biz de onu kullanalım. Mesela tatil günleri bakımından aksini düşünelim. Uygar dünyada haftalık tatil pazar günü, eskiden cumartesi günleri de yarım gün çalışılırdı. Bizde nasıl? Perşembe yarım gün, cuma tatil. Dış dünyayla irtibatta olunabilecek üç tam gün kalıyor elde. Ne yapılır bu kadar kısa bir zamanda? Mustafa Kemal makul ve rasyonel olan yolu tercih ediyor. Bu değişikliğin de geçmişin izlerini silmekle vs. ilgisi yok. Tamamen pratik bir ihtiyaca cevap verme maksadıyla yapılmış bir yenilik. Hepsi bu. Aynı şeyi Ruslar yapmadı mı? Eski takvimlerinden vazgeçmediler mi? Ya Çinliler?

Yapılanları tekrar bir gözden geçirelim. Bir halk oluşturmaya çalıştın, halkı kendi içinde entegre ettin, sonra bu halkın dünya uygar toplumları arasında kendine yer edinebilmesi için uygun şartları hazırladın. Dünya halklar toplumu içinde kendine yer edinebilmesi demek, eşit şartlarda muamele görmek demek. Eşit şartlarda muamele görme meselesi açılınca ta başa dönüyoruz, Lozan Antlaşması'na.

Lozan Antlaşması'nın bir amacı vardır: Diğer devletlerle aynı statülere sahip olmak. Bu şu demek: Kapitülasyonlar kabul edilemez. Benim elçim senin başkentinde oturuyorsa, senin elçin de benim başkentimde oturacak. Eşit haklarımız olacak. Benim Misak-ı Milli sınırlarım vardır vs.

Lozan'da başaramadığımız ve sonucu en hüsran verici olan konu Türkiye'nin güney sınırının belirlenmesinin ertelenmesi, yani esasen Kerkük ve Musul'u kaybedişimizdir. Çünkü orada petrol olduğu biliniyordu. Bunu bilen de Anglo-Persian Oil Company idi, yani bugünkü BP'nin atası olan şirket. Bunun bilindiğini biz nereden biliyoruz? 1929 senesinde yazılmış bilimsel bir makale var.[3] Bunun yazarlarından George Martin Lees (1898-1955) 20 yılını Kürtlerle dağlarda jeoloji ile uğraşarak geçirmiş. Kürt kabilelerinde misafir olmuş ve bugünkü Türk sınırından Basra Körfezi'ne kadar olan bölgenin jeolojik haritalarını çıkartmış. Onun ve diğer iki arkadaşının değerlendirmeleri önce doğal olarak Anglo-Iranian Petrol şirketine sunulmuş. Şirket de devleti yani Lozan'da bizim karşımıza dikilecek olan İngiliz Dışişleri Bakanı 1. Kedeleston Markisi Lord George Curzon'u haberdar etmiş.

Şunu unutmamak lazım, Osmanlı İmparatorluğu tarih sahnesinden çekildiği vakit Türkiye'nin bir tane diplomalı jeologu yok. Madenciler var, madenciler diyorum ama benim bildiğim bir tane var, o da zaten hanedanın damatlarından biri, Ali Kenan. Teknik Üniversite'nin ilk yerbilimleri öğretim üyesi. Özetle, yetişmiş adamın yok, bildiğin her şey dışarıdan geliyor.

Bölgenin jeolojisini ve yeraltı zenginliklerini çok iyi bilen İngiliz ise kararını çoktan vermiş, bizim güney sınırını zaten çoktan çizmiş. Bu toprakların kaybedilmesinin illa müsebbibini arıyorsak da, onların Cemal ve Enver Paşalar olduğunu söylemekte sakınca olmadığı kanaatindeyim. Her iki paşa Birinci Dünya

3 de Bökh, H., Lees, G. M. and Richardson, F. D. S., 1929, Contribution to the stratigraphy and tectonics of the Iranian ranges: şurada Gregory, J. W., derleyen, *The Structure of Asia*, Methuen & Co., London, s. 58-176+23 levha.

Harbi sırasında hem Sina'yı hem Filistin'i hem Şam'ı neredeyse her karış toprağı savunabilecekleri kanaatindeydiler. Mustafa Kemal ise geri çekilip, Şam üzerinde bir hat kurup, yani elindeki güç ile orantılı bir savunma mevzii belirleyip buraları layıkıyla savunma taraftarı.

Sonra ne oluyor? Mustafa Kemal'i dinlemiyorlar. Hem Sina'da hem Filistin'de Mareşal Edmund Allenby'den sıkı bir sopa yiyorlar hem de bu toprakları kaybediyoruz. 11 Aralık 1917'de Allenby hem de kutsal şehir Kudüs'te, bu kudsiyete hürmeten atından inerek girdiği şehirde, Osmanlı Ordusu'nu teslim almıştır! Enver ve Cemal paşalar sonra Yedinci Ordu'yu Mustafa Kemal'e teslim ettiler ama teslim ettiklerinde böyle bir ordu artık neredeyse yoktu.

***

Dış ilişkilerden bahsediyorduk. Atatürk'ün dış ilişkilerde önem verdiği en mühim hususlardan biri eşitliktir. Eşitlik olmazsa olmaz bir kriter. Sonra, Atatürk Birleşmiş Milletler'e, o zamanki adıyla Cemiyet-i Akvam'a girmemizde büyük fayda olduğu kanaatinde. Ama davet edilirsek. "Türkiye müracaat etsin, memnuniyetle" diyorlar. "Hayır" diyor Atatürk "Davet olursa geliriz!". Ardından Türkiye davet ediliyor.

Sonra yetmiyor, (Atatürk) "Balkan Antantı'nı kuralım" diyor. Neden? Çünkü Balkan ülkeleriyle sorunluyuz, geçmişten bu yana... "Bunu unutalım, yeni bir birlik kuralım" diyor Atatürk. Sabiha Gökçen'i Balkan ülkelerine gönderiyor. "Git gez buraları tayyarenle" diyor. Gezen kim? Genç, 25 yaşında bir pilot kız; hem de savaşa katılmış askeri bir pilot! Tek başına. Türkiye için ne büyük bir şov?

Peki bütün bunlardan sonra ne olacak? Bir iktisadi hedef tespit etmek lazım, fakat Türkiye'de sermaye yok, zengin yok. Atatürk iki yol takip edilmesi gerektiğini söylüyor. İlki, kendi başına bir teşebbüste bulunabilen hemen bulunsun, kendisini destekleyelim; fakat bir de şahsi müteşebbislerin yapamayacağı işler var, halka ağır yük getiren. Bu ağır yük getiren iş kollarının arasında temel ihtiyaç maddeleri var. Mesela şeker. Türkiye'de şeker fabrikası yok. Derhal şeker fabrikaları kurulması için çalışmalar başlanıyor. Kazım Taşkent şeker fabrikaları müdürü oluyor. Benim anneannemin kuzeni. Ben onların şeker fabrikalarının kuruluş sürecindeki hikâyelerini bizzat onlardan dinledim.

Rahmetli Kazım Ağabey, anneannemin kuzeni, işinin başındayken, Atatürk teftişe geliyor. Yanılmıyorsam ilkbahar ayları. Fabrika henüz temellerinden yeni yükselmeye başlamış, Atatürk çalışmalardan çok memnun, inşaatı geziyorlar, her şey yolunda. Atatürk dönüyor Kazım Ağabeye "Çocuk, bu fabrika ne zaman çalışır?" diyor. "Paşam ilk mahsulü işleriz" diyor Kazım Ağabey. Atatürk yanındakilere dönüp "Bu çocuk delidir" diyor. Kazım Ağabey kız kardeşi Rabia Abla (Adakan) ile birlikte bizim eve yaptıkları bir ziyaret esnasında bu hikayeyi anneme anlatmıştı.

"Gülerciğim" dedi anneme "Ben Paşaya sözümü vermiştim, ama tabancamı da hazırlamıştım" dedi. Kazım Ağabey, kız kardeşi Rabia Abla ile birlikte kalktılar, ellerini öptük, yolcu ettik. Anneme bazı aile fotoğrafları getirmişti. Herkes gittikten sonra annem bize döndü, "Bu Kazım var ya bu, gerçekten delidir" dedi. "Eğer o fabrika ilk ürünü işleyememiş olsaydı, bizim Kazım gitmişti." Kazım Ağabey o fabrikayı yetiştiremeseydi intihar etmişti. Bu hikayeyi, o zamanki ruh halinin iyi anlaşılması için anlatıyorum. Rahmetli dedem Mehmet Nuri Sipahioğlu'nu da Atatürk (ve Kazım Ağabey) zengin etmişti, çünkü şeker fabrikalarının kuruluşu esnasında Almanya'dan makinaların Türkiye'ye getirilme işini dedemin şirketi Antalya Anbarı'na vermişlerdi. Dedem elde ettiği serveti genişletti ve bir gün bugünkü İstanbul'un batısındaki Yeşilyurt arazisinin tamamını satın aldı. Bunu derhal parselleyip CHP için bir kooperatif oluşturmuş. Rahmetli anneannem Kudret Hanım bu işe dehşetli içerleyerek dedeme, çocuklarının rızkını ona buna dağıttığı için kızmış: Dedem buna cevaben: "Kudretçiğim, Atatürk bu parayı ben kı... mın üstüne oturayım diye vermedi; milletime hizmet edeyim diye verdi" demiş. Atatürk zamanının müteşebbislerine ve büyük bürokratlarının çoğuna bu heyecanı aşılamıştı.

Devam edelim. İkinci yapılacak iş sanayi hamlesi. Sanayi yok memlekette. Toplu iğne yapamıyorsun. Yine ilk yapılması gereken şey haliyle temel ihtiyaçlar. Kumaş, demir çelik, silah

Bursa'da, Türk-Japon ortaklığıyla işletilen ipek fabrikasını gezerken. 3 Ocak 1931.

yapacaksın. En basit tüfeği yapamıyorsun. (Atatürk) bütün bunları planlıyor ve hayal dahi edilemeyecek kısa bir zaman içinde harekete geçiliyor. Bu arada İstanbul, Beşiktaş'ta Nuri Demirağ'ın fabrikaları tayyare üretimine başlıyor.

Atatürk'ün en büyük endişesi dışa bağımlı olmak; fakat yüzde yüz nispette de dışa bağımlı olmaktan kurtulmanın mümkün olamayacağını da biliyor. Yani Amerika'nın, İngiltere'nin dahi bağımsız olmadığını biliyor. Mesela pratikte İngiltere dahi dışa bağımlı durumdadır. Kurtuluş Savaşı devam ederken Lloyd George kolonilerinden asker göndermelerini istiyor, ama çağrısına karşılık bulamıyor. Kimse asker göndermiyor. Bunun için de Anadolu'ya asker sevk edemiyorlar. Atatürk bunu biliyor ama "tam bağımsız olalım" demek mühim. Dolayısıyla Atatürk'ün sanayi hamlesi oldukça mühimdir. Türkiye, Avrupa ülkelerinin on sekizinci yüzyıl sonunda, on dokuzuncu yüzyılın başında yaptığını 1930'larda yapabilmiştir. Ama yapmıştır.

Atatürk'ün ekonomi programı karma bir ekonomidir. Halk Partisi'nin (CHP) oklarından biri devletçiliktir ama bu, o anki sorunlara bir çözümdür. Atatürk'ün Yakup Kadri Karaosmanoğlu'na söylediği meşhur bir söz vardır. "Bizim partinin doktrini yoktur" der. "Çünkü doktrin bir hareketi dondurur."

Atatürk şunu söylüyor; problem çıktığı zaman çözüm bulunur. Genel, evrensel, sonsuza kadar geçerli bir çözüm yok. Problemin karakteri, muhatapları, doğduğu ortam, koşullar her defasında farklı. Neyle karşılaşacağımızı bilmiyoruz. Önce problemi gör, sonra çözüm üzerine kafa yor. Bu da, ilk bölümde anlattığımız gibi Atatürk'ün olaylara bilimsel bakışıdır.

Atatürk neden karma ekonomi istiyor? Karma ekonomi istemesinin sebebi ülkede sermaye yok, yapacak bir şey yok, devletin bir sürü şey yapması lazım ama bunun da bir süreklilik arz etmesini istemiyor Atatürk. Neden istemiyor? Atatürk'e göre özgürlüksüz hiçbir şey olmaz. Herkes yaptığı işte özgür olmalıdır. Ekonomi de özgür olmalıdır. Yani Atatürk'ün ideali aslında liberal bir ekonomidir. Adam Smith'in ekonomisi. Adam Smith'in ekonomisi de Türkiye'de yanlış bilinir. "Laissez faire laissez passer," yani "Bırakın yapsınlar, bırakın geçsinler." Ama Adam Smith tam da öyle söylemiyor. Çünkü "*Milletlerin Zenginliği*" isimli kitabında, mesela, "Eğitimi yüzde yüz özel ellere bırakamazsın, eğitimde muhakkak, tercihen de yüzde elli devlet payı olmalıdır. Çünkü eğitimde bazı hususlar söz konusudur ki, devlet politikası olarak uygulanmak mecburiyetindedir. Bunları özel ellere bırakamazsın" diyor.

Buna benzer bir sürü şey var. Dolayısıyla Adam Smith'i de doğru anlamak lazım. Yani liberal ekonomi nedir, liberallik nereye kadardır?

Atatürk özgürlük hakkında diyor ki, "Tabiatta özgürlük yoktur. Dolayısıyla özgürlüğün sınırları var. Ama bu sınırlar içerisinde özgür olmak da şarttır." Yani insan tabiatın, çevrenin bize dayattığı sınırlar içerisinde mümkün olduğu kadar ilave sınırlar koymadan özgür olmalı.

Ben şunu savunuyorum: Atatürk diktatördü. Buna hayır diyen tarih bilmiyor demektir. Ama hürriyeti öğretebilmek için bazen diktatörlük gereklidir. Sen bin sene hürriyeti hiç tecrübe etmemiş bir topluma hürriyeti bir tercih olarak takdim edemezsin. Hüsrana uğrarsın. Bugün dahi Türk toplumunun hür olmayı öğrendiğini zannetmiyorum. Siyasi tercihler bunu gösteriyor. Lider arıyor, çoban arıyor kendine insanımız. Halbuki Atatürk, bundan kurtulun diyor. "Ben size hiçbir ayet, hiçbir doktrin bırakmıyorum, kafanızı kullanın. Probleminize göre çözüm getirin."

Atatürk ölmek üzere, diyorlar ki, "Yerine kim geçsin?" "Siz seçin, ben yerime kimseyi bırakmıyorum" diyor, "Millet seçsin" diyor. Dolayısıyla Atatürk'ün diktatörlüğünün sebebi her şeyden ve her şeyden önce bağımsızlığı ve hürriyeti öğretmek, insanlığı, akılcılığı öğretmek. Bunu yapmak için de diktatörlük yapmak mecburiyetindesin. Ama Atatürk'ün yaptığı diktatörlüğün bir farkı var. Onun diktatörlüğünün içinde zorbalık yok, düşüncesini öyle veya böyle empoze etmek var. Ama bu empoze etmek kişisel kapris ürünü değil. Nihayetinde kararı yine sen alıyorsun, karar veren sensin. Kendi fikirlerini "Ben böyle istiyorum" diye empoze etmiyor Atatürk. Ortaya atıyor, tartışıyor, tartışıyor, tartışıyor ve karşısındaki onu yıkamıyor. Sonunda onun fikri galip geliyor ve oy veriliyor. O oylarla alınıyor bütün kararlar. Ama mutlaka ve mutlaka oy isteniyor.

Bu bir meşruiyet arayışı olduğu gibi, başka türlü alınacak ve tatbik edilecek başkaca her türlü karardan da çok daha uzun ömürlü neticeler alınmasını sağlıyor. Diyor ki, "Bunlar benim fikirlerim dahi olsa bunları millete anlatmam lazım, kabul ettirmem lazım, ancak milletce kabul edildikten sonra bunları tatbik edebiliriz. Her şeyin başı millettir."

***

Meclis Başkanı Kazım Özalp, Salih Bozok ve Kılıç Ali ile birlikte Dolmabahçe Sarayı'nda açılan İş Bankası Sergisini gezerken. 13 Eylül 1934.

Dolmabahçe Sarayı'ndan ayrılırken. Kazım Özalp, İsmet İnönü, Tevfik Rüştü Aras, Fethi Okyar kendisine eşlik ediyor.

Üniversitelerin var, sanayide bir atılımın içine girdin, halkın ihtiyacını da ufak ufak karşılamaya başladın fakat para lazım. Aynı zamanda parayı da yönetecek yerler lazım. Osmanlı'dan tevarüs edilmiş bir Ziraat Bankası var, ta Mithat Paşa zamanında kurulan. Bir Osmanlı Bankası var, fakat senin değil, Fransızların. Atatürk Hindistan'dan Kurtuluş Savaşı için gönderilen paraların bir bölümüyle İş Bankası'nı kuruyor ve bu paraları mümkün olduğu nispette Türkiye'nin ihtiyacı olan müesseselerin bina edilmesi için kullanıyor. Mümkün olduğu nispette diyorum çünkü fazla para yok.

Kadıköy Vapuru'nda Yalova'ya giderken. 4 Aralık 1930.

Ertuğrul Yatı'nda öğle yemeği sırasında.

Sonra, iktisattan en iyi anlayan adamların bir araya gelmesini sağlıyor. Bunlar bazen birbirleriyle geçinemiyorlar, çünkü değişik iktisadi doktrinlere inanıyorlar. Bir tarafta Celal Bayar, bir tarafta İsmet İnönü. Celal Bayar Maliye Bakanı, İnönü Başbakan. Aynı kabinede çalışıyorlar, felsefeleri farklı. Atatürk olabildiğince bunları yönlendiriyor ve hepsine şunu öğretiyor, öğütlüyor: Çocuklar, bir hedef var, o da ülke. Ülke için en iyisini yapacağız, elimizden geldiği kadar.

Bu tabii kendisi için de inanılmaz bir tatmin kaynağı. Atatürk bir komutan, mesleği askerlik. Motivasyonu savaş kazanmak, ama her türlü savaşı kazanmak.

Atatürk bütün bu kurtuluşa, kuruluşa, devrimlere, her şeye bir savaş gözüyle bakıyor. Ekonomiye de savaş olarak bakıyor, eğitime de savaş olarak bakıyor, kültür devrimine de savaş olarak bakıyor, bu savaşları kazanacağız diyor. Kendisi de başkomutan. Bu bir komutanın hissedebileceği en büyük tatmindir.

Para, pul, Atatürk'ü tatmin edemez, etmez de. Umurunda da değil zaten, hiçbir şeyi de yok. Üstünde bir sürü şey görünüyor, bir gün ona bağışlıyor, bir gün buna veriyor, üstüne hiçbir şey almıyor. Bunun yanında çok güzel giyiniyor. Niçin güzel giyiniyor? Onun da bir sebebi var. Mankenlik yapıyor, bu insan milletine resmen mankenlik yapıyor. Nerede ne giyilir, nasıl giyinilir, bunları öğretiyor.

Bahçekapı'da ayakkabılarını yaptırdığı, askerliğini yanında yapmış olan bir Rum kökenli yurttaşımızın mağazasından çıkarken. 5 Eylül 1932.

Kıyafet Devrimi yapıldı ama kimse ne giyileceğini bilmiyor. O zamanın bırak köylerini, kasabalarına, vilayetlere gidiyorsun durum rezalet. Altı kaval üstü şişhane giyiniyorlar. Şapka giyeceğim diye bilmeden kadın şapkası giyen erkekler var! Çok güzel kıyafetler giyerek Türkiye'yi dolaşıyor Atatürk. Değişik kıyafetlerle halkın içine giriyor ve bu değişik kıyafetler gittiği yere, bulunduğu mekana göre değişiyor. Halk öğrensin istiyor: Nerede, ne zaman, hangi halde, ne giyilir!

Bir tatbikat sırasında Fevzi Çakmak ile birlikte.

Trakya Manevraları'nda. 17-20 Ağustos 1937.

Metris'deki bir tatbikat sırasında. Bu fotoğraf 29 Mayıs 1936 Pazar günü saat 05:45'de çekilmiştir.

Mesela 1927 senesinde ordudan ayrılıyor, emekli oluyor mareşal rütbesiyle. Bir daha asla askeri üniforma giymiyor. "O, ordudakilerin hakkıdır" diyor. Ama titri başkomutan, cumhurbaşkanı. Manevralara gidiyor, orası için en uygun kıyafetleri

Trakya Manevralarını denetlerken. 21 Ağustos 1937. 05:45'de çekilmiştir.

giymiş oluyor. Manevrada ata binecek, çizmelerini giyiyor, süvari pantolonunu giyiyor ama sivil, nefis bir ceket. Papyon takıyor, rüzgarda kravat uçuşmasın diye. Her kıyafeti yerine göre. Akşam giydiği kıyafetler başka, bir resmi geçide giderken giydiği kıyafetler başka, bir kulübe giderken giydiği kıyafetler başka, dostlarıyla oturduğu zaman giydiği kıyafetler başka, kitap okurken giydiği kıyafet başka. Fakat bunların hepsinin bir maksadı var. Mankenlik yapıyor, bak nasıl giyinilir diye.

***

Gelelim dinin kamusal alandaki belirleyiciliğini kaldırmaya dair düzenlemelere. Bu konuda Atatürk bazı radikal adımlar atıyor. Tekke ve zaviyelerin kapatılması mesela. Tekke, zaviye ve türbeler halkın gidip miskinlik yaptığı yerler. Üretim yok, geçmişe saplanıp kalınmış. Hasan Âli Yücel'in, içinde yetiştiği bir Yenikapı Mevlevihanesi vardır. Hasan Âli gibi kaç tane adam çıkmış buralardan? Yok gibi neredeyse.

Atatürk bu müesseselerin eğitime sekte vuracağı kanaatinde. Hem öyle hem böyle olmaz. Türbeleri ele alalım mesela: "İnsana tapınılmaz" diyor Atatürk, "Tapınacaksan dininin vecibelerini doğru yerine getir" diyor.

Haklı. Çünkü insana tapınmaya başladığın zaman tapınacak çok yer var. Sonra insana neden tapınalım? "Biz kendimiz de insanız, insan insana tapmaz" diyor, kulluğu ortadan kaldırıyor. Bir birey bir başka bireyin kulu değildir, olamaz, olmamalıdır. "Başka bir insandan dua ile medet umamazsın. Dua edeceksen Allah'a et, neye inanıyorsan ona et, ama başka kullara kulluk etme adetinden vazgeç" diyor Atatürk.

Bu aynı zamanda, "Haysiyetinin farkında ol, kimsenin önünde boynunu eğme" demektir. Bu söylemlerin en mühim tarafı, dini mümkün olduğu kadar basitleştirmesi. Mustafa Kemal, bir manada Katolik Kilisesi'ne, azizlerin hükümranlığına isyan eden Protestanların yaptığını yapıyor. Bu, Atatürk'ün bir gözlemidir. Katolik ülkelerine bakıyor, hepsi çakılıp kalmışlar, Protestan ülkelerine bakıyor müthiş bir terakki var, çünkü buralarda din bir anlamda devletin emrine girmiş.

İngiltere'de kilisenin başı kraliçe veya kral. Avrupa'nın geçmişine bakıyoruz, din ve devlet birbirinden ayrı, kilise bağımsız. Bu durum, Avrupa'nın başına çok dert olmuş. Fakat Bizans'a bakıyorsun, Bizans'ta kilise imparatorun emrinde, burada din bir sorun olmaktan çıkmış. Osmanlı İmparatorluğu'na bakıyorsun, burada da din devletin emrinde ama cehalet o seviyede ki, din hem halkı hem padişahı hem şeyhülislamı hem devleti perişan etmiş.

Atatürk de dinin başıboş bırakılmasının yaratacağı tehlikenin farkında. Din müessesesi Hristiyan aleminde bir tehlike yaratmıyor, onlar düzenlerini tutturmuş gidiyorlar. Musevi aleminde yaratmıyor, onlar da düzenini kurmuş. Müslümanlara bir baş lazım, halifelik gittiğine göre bu müesseseyi devletin ele alması gerekiyor. Diyanet İşleri Başkanlığı kuruluyor. Bu şu demek: Senin de din hususunda başın sıkıntıya girdiği zaman, din adına bir şey yapılacağı zaman, Hristiyan nasıl patriğine gidiyorsa, Musevi nasıl hahambaşına gidiyorsa sen de Diyanet İşleri Başkanı'na git...

Diyanet İşleri'nin başına öyle isimler geliyor ki... Şerefettin Yaltkaya'yı düşünün mesela. Şerefettin Yaltkaya fötr şapkayla işine geliyor, makamına otururken fötr şapkasını çıkartıyor, sarığını takıyor, çünkü o resmi serpuşu. Oturuyor işlerini yapıyor, akşam evine giderken sarığını çıkartıyor tekrar fötr şapkasını takıyor. Mustafa Kemal'in hayal ettiği böyle bir diyanet.

Her ne kadar Mustafa Kemal dinin halka öğretilmesi gerektiğini ama bunun okullarda yapılmayacağını söylemiş olsa da bu alanın başıboş bırakılamayacağını, başıboş bırakıldığı takdirde fırsatçıların, ahlaksızların, dini kendi emellerine alet etmek isteyenlerin türeyeceğini biliyor. Bunun önünü kesmek için de bu Diyanet İşleri Başkanlığı'nı tesis ediyor.

Atatürk mümkün olduğu kadar akıldışı işlerin kontrolden çıkmasına mani olmaya çalışıyor. Akıl dışı işlerin dahi aklın kontrolünde olması gerektiğine inanıyor. Mesela, komünistler gibi dinin gereksiz olduğunu söylemiyor. Çünkü bu sosyolojik bir vaka, hayatımızda var. "Ben bunu cebir ile bastırırsam, başka bir yerden, başka bir şekilde hortlayacak. Buna da hürriyet verelim, ama zıvanadan çıkmasına da mani olalım. Bir müessese kuralım, başına gerçek din alimlerini getirelim" diyor.

Diyanet İşleri'nin başına getirilen Ordinaryüs Profesör Şerefettin Yaltkaya da aynı zamanda dünya çapında saygın bir oryantalist ve ilahiyatçıdır.

***

Daha evvel Atatürk'ün yurtdışında tahsil yapmaya gönderdiği öğrencilerden söz etmiştik. İhsan Ketin, Ekrem Akurgal, Sedat Alp vs. Bunlar Almanya'ya giderken soyadları yok. Türkiye'de biraz tanınmış bir ailenin çocuğuysan mesela "Köprülüzade Mehmet Fuad" diye geçiyor tam ismin. Peki, İhsan Bey ne yapsın? İhsan Bey bir hademenin oğlu, babasının adı Ali, okuma-yazması yok, Kayseri'de İhsan Bey'in içinde okuduğu lisenin hademesi.

İhsan Bey Almanya'ya gidiyor, üniversiteye kayıt yaptıracak, bir form doldurulacak. Oradaki memurla aralarında şöyle bir diyalog geçiyor:

- *Adınız?*
- *İhsan.*
- *Soyadınız?*
- *Yok.*
- *Nasıl yok?*
- *Yok. Bizim memlekette soyadı yok.*
- *E ne yazacağım buraya?*
- *Babamın adını yazın. Ali.*
- *Neden?*
- *Araplardan geçen bir adet. Bir kişiyi diğerinden ayırmak için "oğlu" manasına gelen "bin" sözcüğüyle isimler birbirinden ayrılır. Muhammed bin Ali. Ali'nin oğlu Muhammed demek. Soyadı kısmına babamın adını yazın.*
- *Peki.*
- *Doğum yeriniz?*
- *Kayseri.*
- *Doğum tarihiniz?*
- *O da sorun. Çünkü bizim memlekette doğum kaydedilmez.*
- *Olur mu canım? Neyse, peki ne yazacağız? Buraya bir şey yazmam lazım.*
- *Anam, kiraz çiçek açtığı zaman doğmuştun derdi. 10 Nisan yaz.*
- *Peki.*

Böyle tuhaf bir diyalog geçiyor İhsan Hoca'yla oradaki Alman görevli arasında. Atatürk de doğum tarihini bilmiyor. "Benim doğum günüm 19 Mayıs" diyor. Okur-yazar aileler çocuklar doğdukça evlerindeki Kur'an'ın arkasına yazarlarmış doğum zamanlarını. Okuman yazman yoksa onu dahi yapamıyorsun. Mustafa Kemal, hem uluslararası sahadaki bu ve buna benzer yaşanmış ve yaşanması muhtemel sorunlara mani olmak hem de bir nüfus disiplini sağlamak adına Soyadı Kanununu çıkartıyor.

Öncelikle lakapları olanlara bu lakapları soyadı olarak veriliyor. Köprülüzade Fuad mesela. Artık Fuat Köprülü deniyor. Bir de lakapları olmayanlar var. Benim dedem (babamın babası) mesela, Celal Vagancı. Nüfus memuru dedeme "Vagancı ne demek?" diye sormuş. "Ne bileyim, Vagancı işte" demiş dedem.

Bu bir mana ifade etmiyor memura. Onun üzerine memur da, "Şurada bir liste var oradan kendine bir soyadı seç" demiş. Memura kızan merhum dedeciğim de ısrar etmeden "Şengör"ü seçmiş. Halbuki "Vagancı"nın bir manası var. Küçük tahta kutular imal edenlere vagancı denirmiş. Bizimkiler Prizren'de bu işi yaparlarmış.

İhsan Bey'in hikayesine de devam edelim. İhsan Bey 1935 senesinde yurtdışından bir tatile geldiğinde, babası, "İhsan, Soyadı Kanunu çıktı, bir soyadı seçmemiz lazım" diyor. İhsan Bey açıyor atlası önüne, Orta Asya'dan geldik ya, Orta Asya'da Pamirler'de bir dere buluyor, ismi Ketin. "Bu olsun bizim soyadımız" diyor.

Mesela Besim Darkot vardır. O da soyadını yine Pamirler'deki Darkot geçidinden alır. Bunlar hep coğrafyacı ya da jeolog, hep Orta Asya'dan almışlardır soyadlarını. Hamit Nafiz Pamir de öyledir. Soyadı meselesi böyle halledilir.

Bir de erkeklerin birden fazla eş alma meselesi var. Bu husus da, İsviçre'den aldığımız Medeni Kanun gereği, dünyanın geri kalan medeni ülkelerinde nasıl yapılıyorsa öyle çözülüyor. Ne poligami ne poliandri. Her erkek bir kadın her kadın bir erkek alacak. Pederşahi bir gelenekten geldiğimiz için çocuk, babanın soyadını alacak. Anne ve baba öldükten sonra çocuklar anne ve babanın mallarını eşit bir şekilde tevarüs edecekler vs.

***

Gelelim hilafet meselesine. Hilafet, zamanla İslamiyet'te "Peygamberin temsilciliği"ni ifade eden bir kelimeden "hükümdarlığı" ifade eden bir manaya bürünmüş. Her hükümdara halife denmiş. Halife öğrenci, sonradan gelen demektir, haliyle de bunun dini bir makam olup, peygamberin temsilcisi, onun arkasından gelen ve dinin başındaki kişi olarak anlaşılması gerekir.

Fakat dördüncü Raşidun halifesi Ali'nin öldürülmesinden sonra ortalık karışmış. Çünkü Muaviye, ki peygamberin sekreteri, sır katibi denir, Ali'yi öldürtüyor ki hilafet kendisine geçsin. Ali'yi öldürtmesinin de sebebi var. Ali'nin zamanında ortalık karışıyor. Muaviye bakıyor ki din elden gidecek, mecbur kalıyor bir manada. Dolayısıyla ondan sonra bir ikilik tezahür ediyor. Malumunuz, Hasan ile Hüseyin'in şehit edilmesi, orada bir ayırım başlıyor İslam dünyasında.

Sonra Emevi hanedanı ortadan kalkıyor, Abbasiler geliyor. Fakat Emeviler kılıçtan geçirilirken bir aile İspanya'ya kaçıyor. Şimdi bakıyorsun Bağdat'ta bir halife var, İspanya'da bir halife var. İspanya kendi içinde parçalanıyor, İslam krallıklarına ayrılıyor, sonra her birinin başında bir halife var. Fatımiler geliyor Mısır'a, onların da başında bir halife var. Halifelik Arapların hükümdarlık makamı oluyor.

Yavuz Sultan Selim, Mısır'a gittiği zaman orada da Memlukların bir halifesi var, Abbasi soyundan geliyor. Memluk Devleti ortadan kalkınca Padişah Selim, halifeliği buradan devralıyor ve ilk defa Arap olmayan bir grubun içine geçiyor halifelik.

Selim, kendisini İslam'ın başı, lideri ilan ediyor. İslam'ın başıyım derken de Türkiye'ye ilk defa Ortodoks İslam'ı sokuyor. O zamana kadar Osmanlı'da bu tür bir İslam geleneği yok. Osmanlı'da o döneme kadar Ahmet Yesevi'den bu yana sürdürülen daha liberal, dervişlerin yönettiği bir İslam geleneği var. Yavuz ilk defa Arap tarzı İslam'ı içimize sokuyor ve o dönemden itibaren Türkiye'nin çöküşü başlıyor.

Gelelim Birinci Dünya Harbi'nin sonuna. Vahdettin kaçmış, Atatürk Osmanlı Hanedanı'nın devamının Türkiye'nin modernleşmesi ve terakkisi önünde bir engel olacağı kanaatinde.

Bunun sebebi Osmanlı Hanedanı değil. Osmanlı ailesi muhtemelen o dönemde Türkiye'deki en modern, en batılı aile. Veliahd Abdülmecit, ressam ve müzisyen, örneğin.

Ama bir de halifelik müessesesi var. Halkın gözünde o halifenin altında bir din ve teşkilatı var. Bilmiyorlar ki, Şeyhülislam fetvasıyla halifeler katledilmiş bu memlekette. Sultan Mustafa, Sultan (Genç) Osman, Sultan İbrahim, Sultan Selim katledilmiş. Bunlar hep fetva ile katledilen sultanlar, halifeler.

Böyle bir karmaşanın içerisinde birden bire bir sorun ortaya çıkıyor. "Hanedanın kalmasında sorun yok," diyor önce Atatürk, ama diyor, padişahlık gidecek. Modern bir devlet kuracağız, padişahlıkla olmaz bu iş.

Karşılaşılan ilk sorun, saltanat ile hilafet ayrılır mı, ayrılmaz mı? Bir taraftan da şöyle bir gerçek var: Saltanat ile hilafet zaten bir değildi ki, Yavuz bu hale getirdi. Bizimkiler uzun uzun tartışıyorlar, Atatürk de dinliyor tartışmaları. Nihayet Atatürk'ün sabrı taşıyor ve şunları söylüyor: "Bakın beyler. Bu iş zaten olacak. İşin tabiatında da bu var. Bu olurken de bazı kelleler yuvarlanır, onu da istemez kimse ama olabilir."

Atatürk'ün bu sözü üzerine, "Paşa Hazretleri biz sizin maksadızı yanlış anlamışız, tabi haklısınız..." mealinde sözler ediliyor. Dışarı çıkıyorlar. Atatürk tartışmaları idare eden şeyhin koluna giriyor, Meclis koridorunda oturuyorlar. Sonra dönüyor etrafındakilere, "Efendiler, saltanat ile hilafetin ayrılabileceğini Şeyh Efendi'den öğrendim" diyor. Şeyh de "Tabii Paşam" diyor.

Bu usule baktığımız zaman "Atatürk, bir diktatör mü?" sorusu yine akla geliyor. Cevap aşikar: Evet diktatör. Ama dâhice bir yöntemi var, o da şu: "Ben yaptım, ben böyle istiyorum" demiyor, "Ben bunu Şeyh Efendi'den öğrendim" diyor. Şeyh Efendi de tasdik ediyor.

Türkiye'de modern jeofiziğin kurucusu rahmetli Kazım Ergin Hocamın bana söylediği ve hiç unutmadığım bir sözü vardır: "Bir işi yapmak istiyor musun? Kredisinden vazgeçmeye hazır ol. Yani o işin şanından, şöhretinden vazgeçmeye hazır ol." Atatürk'te de bunu görüyoruz. Şan, şöhret, makam, mevki peşinde değil, iş yapalım, bütün derdi bu.

Saltanat ayrıldı, saltanat sülalesi İstanbul'da. Abdülmecit Efendi veliaht şehzade. Abdülmecit'e halifeliği devralması söyleniyor, kabul ediyor. Abdülmecit, o sanatkar adam, maalesef o eski şaşaayı sürdürmek istiyor. Halbuki Büyük Millet Meclisi hükumeti hilafeti de Diyanet İşleri Başkanlığı gibi görmek istiyor. Sonra İstanbul'daki paşalar halifeye padişah muamelesi yapmaya başlıyorlar. Refet Paşa da dahil. Atatürk işin kötüye gittiğini anlayınca maalesef hanedanı yurtdışına çıkartmaya karar veriyor.

Atatürk radikal önlemler alıyor ama bir yandan da sürdürülebilirliği de bozmak istemiyor. Bir sürü kurumu tutuyor. Maalesef dedim, az evvel. Hanedanı Türkiye'den çıkartmak çok büyük ve meşakkatli bir iş, halka anlatmak çok zor. Rahmetli dedem anlatırdı: "Bir sürü harp kaybettik, ardı ardına, ama ne zaman ki padişahın esir olduğunu duyduk, işte o zaman dünya başımıza yıkıldı. Bunu tahayyül etmemiz bile imkansızdı."

Düşünülemez böyle bir şey, Osmanlı padişahı nasıl esir olur? Memleket gitsin, mühim değil. Ama padişahın gitmesi olacak iş değil.

Bu ailenin yurtdışına gönderilmesi çok radikal bir adım. Çok ciddi sebepleri olması lazım. Atatürk'ün bu adımı çok da isteyerek attığını düşünmüyorum. O Lenin gibi hanedanı alçakça katlettirmedi. Atatürk bir cani değildi. Vatanını kaybetmiş bir insan olarak sürülmenin acısını da iyi biliyordu. Aynı acıyı Osmanlı ailesine tattırmayı çok istediğini sanmıyorum. "Ben bir memuru halife yapıyorum" diyebilirdi. Öyle yapmadı. Halifeliği sürdürme vazifesini hanedana bıraktı. Eminim ümidi, Osmanlı hanedanın bu yeni konumunu yeni toplum içine işlemek, bu konuda da sürekliliği bir şekilde sağlayarak toplumun geçmişiyle bir şekilde barışık olmasını da temin etmekti. Abdülmecit Efendi'nin akılsızlığı diyeyim ben, işi istenmeyen bir noktaya vardırdı.

Atatürk Türk halkının hayatında radikal değişiklikler yapıyor. Bunların hepsinin maksadı var. Bir halk oluşturmak, bir millet oluşturmak. Milleti bir arada tutmak, milletin bireylerinin birbirleriyle ilişkilerini sağlamak. Milletin yurtdışıyla ilişkilerini aklı başında bir yere oturtmak. Milletin üretim gücünü arttırmak, olmayanı yaratmak. Bütün bunları yapıyor, bunları yaparken de mümkün olduğu kadar sosyal yapıyı sarsmadan yapmaya çalışıyor. Çünkü büyük bir devrimci olmasına karşın zannedilenin aksine ihtilal sevmeyen bir insan Atatürk. Biliyor ki ihtilaller kısa ömürlü oluyor.

İhtilalden kastım şu: Bir değişikliği, yeniliği cebir ve şiddet uygulayarak yapmak. Hiçbir şeyi zorla yaptırmak istemiyor Atatürk. Onun için ısrar ediyor, Meclis olacak diye. Onun için ısrar ediyor, her kararın altında TBMM'nin imzası olacak diye. Hilafetin kaldırılması için de TBMM'den oy istiyor ve onlara durumun ümitsizliğini gösteriyor. "Bakın" diyor, "Bütün çabalarımıza rağmen iş kötüye gidiyor. Çünkü Abdülmecit Efendi bu işi anlamadı, halk da bu tip semboller gözünün önünde oldukça eski alışkanlıklarından vazgeçemiyor. Bundan vazgeçmemiz lazım. İstemeyerek de olsa bu aileyi çıkartmamız lazım."

Atatürk için dâhi diktatör dedik ya. Bunun bir ismi vardır: "Enlightened despot." On dokuzuncu Yüzyıl'da dünyadaki aydın despotların başında Kral Mongkut gelir. Bugünkü Tayland'ı yaratan, bütün çevresi sömürge olurken Tayland'ın kurtulmasını temin eden insan.

Ama Mongkut mutlakiyetle idare ediyor memleketini, mecbur. Bir sürü şey yapıyor, yaptırıyor ama bazı yerlerde gücü yetmiyor, korkuyor, kendi halkından korkuyor. Mongkut'un İngiliz doktorunun yazdığı çok güzel bir kitap vardır, onu okumak lazım. Mongkut'un oğlu Chulalongkorn (VI. Rama), akıllı babasının getirttiği İngiliz mürebbiyesi Bayan Anna Leonowens'dan çok şey öğrenmiştir, ama öğrendiği en önemli şey şuydu: Eğer bağımsız yaşamak istiyorsan uygarlığa ayak uyduracaksın.

Eğer İngiliz'le başa çıkmak istiyorsan aynı kurumlar sende de olacak. Bu kurumları yapacak adam yoksa dışarıdan adam getireceksin. Bir dönem Tayland'ın adalet bakanı Belçikalıydı. Çünkü Tayland'da adam yok bakanlık yapacak. Chulalongkorn bu adamı getiriyor.

Demiryollarının başında da İngilizler var. Fakat bunu yapmak suretiyle İngiliz'in Tayland'ı işgal etmesine de mani oluyorlar. Bugün Atatürk'ü tenkit edenlerin Tayland'ın tarihine göz atmasında fayda var, okusunlar, Tayland'ın nasıl ayakta kaldığını. Bir baba ve oğlunun, Mongkut ve Chulalongkorn sayesinde ayakta kaldı eski Siyam ve Tayland oldu. İkisi de diktatördü, başka şansları yoktu çünkü.

Amerika'nın kuruluşuna bakalım. George Washington çok mu demokrattı? Ama o, ordunun başında dururken Jefferson, Benjamin Franklin, Quincy Adams'ın oluşturduğu küçük bir grupla didişmişlerdir Kongreyle. Atatürk'ün yaptığı gibi didişe didişe bazı kuralları çıkartmışlardır. Lincoln güya demokrat cumhurbaşkanı, koskoca bir senato var karşısında. Harbin ortasında köleliği kaldırıyor. Ne diyorlar Lincoln'e: "Köleliği kaldırırsan Güneylileri asla ikna edemeyeceğiz. Adamlar harbi kaybetmemek için bugün bir çalışıyorlarsa yüz çalışacaklar."

Lincoln şöyle cevap veriyor: "Hayır. Biz ne için savaşıyoruz? İnsan haysiyeti için savaşıyoruz. Biz köleliği kaldırmazsak kim kaldıracak?" Adamları topluyor etrafına, günlerce didişiyorlar. Tek tek gidiyor bu adamlarla konuşuyor, markaj yaptırıyor adam adama. Tıpkı Atatürk'ün yaptığı gibi. Sonunda harbin içinde Amerikan Anayasası'na on üçüncü ilave çıkıyor ve kölelik kaldırılıyor (31 Ocak 1865). Beklenenin tam tersine aynı sene Amerikan İç Harbi 23 Haziran'da son Güney Generalinin teslim olmasıyla bitmiştir.

Lincoln diktatör mü? Evet, etrafındakileri zorla ikna ediyor. Adamların açıklarını yakalatarak, başka şekillerde zorlayarak. Bütün meclis karşı çıkıyor, "Olmaz" diyor. O, "Hayır, olacak" diyor, "Askerimize neden savaştığımızı anlatacaksak, tutarlı olmak zorundayız. Zenci askerlerimiz var, kölelik sürerse nasıl anlatacağım onlara savaşın amacını?"

O dönem Güney'den kaçan zenciler var ve özel zenci birlikler kurmuş durumdalar Kuzeyliler. Bu zenci birliklerin başında beyaz subaylar var. Lincoln, "Bu adamlar kendilerini eşit düşünmezlerse nasıl savaşacaklar? Bunu yapacağız" diyor.

Okumayı sevmez bizim milletimiz, ama en azından Lincoln filmini seyretsinler. Sonra da Atatürk'ü okusunlar.

Evet, Lincoln bir diktatör, başka türlü harbi idare edemez. Ama o da tıpkı Atatürk gibi meclisi asla elinden bırakmıyor. Her ikisi de, meşruiyeti asla bırakamayız, diyor. İşte bu, devlete süreklilik getiriyor. Kendisi öldükten sonra birden bire çökmüyor devlet, devam ediyor.

Mustafa Kemal kendinden önce gelen gelenekleri kullanmıştır. Osmanlı'nın bir (Mebusan) Meclisi vardı ama kapatılmış, büyük sıkıntılar çekilmiş. Ardından İttihat ve Terakki belası doğmuş, bunun getirdiği felaketle memleketi kaybetmişiz.

Bütün bu sıkıntıları, Atatürk'e, meclisi kaldıralım diyen insanlar da biliyor. Ama o dâhî, kolaycılık peşinde koşan bu kısa görüşlü insanlara ve çevresindeki herkese, meşruiyetin gerekliliğinden ve sürekliliğinden bahsediyor.

***

Atatürk ile hayatımıza giren yeniliklerden birisi de spor faaliyetlerinin sistematize edilmesi ve Milli Eğitim Bakanlığı bünyesindeki Talim Terbiye Genel Müdürlüğü çatısı altında organize edilerek okullarda eğitimin bir parçası haline gelmesidir.

Onun sayesinde fiziki terbiye de eğitimin bir parçası olmuştur. Atatürk'ün hayatta olduğu dönemde Rusya'da, Almanya'da yapılan toplu beden eğitimi gösterileri önem kazanmıştır. Malum günümüzün kıt bilgili, kıt akıllı bazı politikacıları, Atatürk'ün spor gösterilerini Nazi Almanyası, Faşist İtalya ve Komünist Rusya'nınkilerle karşılaştırmaya bayılıyorlar. Atatürk de spor gösterileri yaptırdı milli bayram kutlamalarında (Amerika, Fransa, İngiltere yaptırmıyor muydu sanki?), ama benim sözünü ettiğim bunlar değil. İngiliz okul eğitiminde de, Amerikan okul eğitiminde de, Fransız okul eğitiminde de, Alman okul eğitiminde de... spor var. Atatürk ile birlikte bizde de spor yaygın olarak okullara giriyor. Değişik yerlerde spor salonları açılıyor.

Şimdi tekrar Ahmet Haşim'in mektubuna dönelim. Ahmet Haşim mektubunda, "Anadolu halkı o kadar sağlıksızdı ki, o kadar çok sakatın envai türü görülürdü ki, bir Anadolu kasabasına gittiğinde iç bükey aynadan kendine bakıyormuş zannederdin. O kadar eciş bücüş adam vardır," diyor.

Atatürk, bunu elinden geçen askerlerden biliyor. Orduda verilen eğitimin bu insanlara ne kadar faydalı olduğunu görüyor. Vücudu sağlam olan bir insanın düşüncesinin de sağlam olacağının farkında. Anlaşılması gereken şu; bu yaptıklarını sırf dönemin modası böyle diye yapmıyor. Tecrübeli bir subay Atatürk.

Kaliteli adam nasıl yetiştirilir biliyor. Sağlıklı bir millet yaratmak istiyor. Onun için de beden eğitimini genel eğitimin bir parçası haline getiriyor.

Dikkat edilirse, Nazilerin yaptığı gibi yaz kamplarına toplayalım, insanları eğitelim demiyor. Ve bu eğitime kadınları da dahil ediyor. Ama asker ile sivilin eğitimini asla birbirine karıştırmıyor. Asker ile sivil arasındaki ayrım da zaten Atatürk'ün hayatı boyunca dikkatle üzerinde durduğu bir politikadır. Kendisi değil midir, üniformasını çıkartıp meclise giren. Etrafına da aynı şeyi söylemiştir: "Komutan mı olacaksınız, vekil mi olacaksınız? Birini seçmek durumundasınız. Komutansan meclisin emrindesin, tercihinizi ona göre yapın."

Kendisi de emekliliğini istiyor. Atatürk'ü emekli etmeyi düşünebiliyor musun? İnönü, Fevzi Çakmak'ı yirmi altı sene emekli edemiyor. Yirmi altı sene Genelkurmay Başkanlığı yapan bir asker! Atatürk hayatta olsaydı böyle bir şey olmazdı.

Manevi kızı Ülkü ve Fevzi Çakmak ile birlikte. 27 Mayıs 1938.

Diğer taraftan Atatürk, kendi isteğiyle emekliliğini istemiş. Onu emekli eden memurun elinin nasıl titrediği hayal edilemez. Atatürk ordudan ayrılıyor. Ordu için düşünülmesi mümkün olmayan bir durum. Orduyu muzaffer kılan, cumhuriyeti kuran o komutan emekli oluyor. "Ben de herkes gibi emekli oluyorum" diyor.

Bütün bunların altında dersler var. Etrafındakilere ders veriyor. Ama İnönü, Çakmak'ı yirmi altı sene emekli edemedikten sonra, nihayetinde yaş haddinden emekli ediyor. Ama Çakmak, "Ben gideyim" demiyor. "Git" diyene kadar görevinin başında kalıyor. "Git" deyince de çok bozuluyor, İnönü'yle araları açılıyor.

Atatürk'ün, İnönü'ye, "Siz mecliste hep meşgulsünüz. Benim burada bir saatimi dolduracak işim yok" dediği rivayet edilir. Atatürk hep gitmek istemiştir, kelimenin gerçek manasında emekli olmak istemiştir. Hasta yatağında Afet İnan'a, duvarda asılı tabloyu göstererek, "Oraya gidelim Afet. Her şeyi bırakalım. Şöyle basit bir ev, ocaklı bir oda. Çekip gidelim ormanlara..." demiştir.

Ama bunların hiçbirini yapamıyor. Dümeni bırakırsa işlerin kötüye gideceğini biliyor. Dümeni bırakmıyor ama hep bırakmış izlenimi veriyor. Sen Başbakansın, sen Meclis Başkanısın vs. Ama hep yukarıdan koordine ediyor. İnönü, şöyle diyor Atatürk'e, "Gazeteciler dedikodu yapıyorlar. Bu memleketi daha ne kadar on bir sarhoş idare edecek" diyorlar. Atatürk şöyle cevap veriyor: "Pardon?" diyor, "On bir sarhoş mu? Halt etmişler. Bu memleketi sadece bir sarhoş idare ediyor" diyor. Orada, arkadaşlarının arasında gerçeği söylüyor, "Hiçbiriniz, hiçbir işi layıkıyla yapamıyorsunuz." Doğru da.

Atatürk, etrafındaki insanlardan çok bezgindi. Rahmetli dedem anlatırdı, "Herkes Atatürk içkiden öldü zanneder. Hayır. Kahrından öldü." Derdini anlatacak adamı yoktu. Arkada bıraktıklarından hakikaten Atatürk'ün ne dediğini anlamış sadece bir kişi var, o da Hasan Âli Yücel'di. Tek bir adam. Onu da nihayetinde İnönü, Amerika'nın, Rusya'nın, ağaların baskısıyla harcamıştır.

Atatürk bu baskıların hiçbirini hissetmiyordu oysa, hepsini bir düğüm çözer gibi çözüyordu. Başkaları bunu yapamıyor, çözemedikleri problemlerin altında eziliyor. Atatürk daha büyük problemlerle uğraşıyordu halbuki. Bunun için "Deha" diyoruz. Kendisi problem çözüyor, etrafından da bunu bekliyor.

***

Atatürk'ün yurt dışındaki etkilerini, çalışmalarının memleket sınırları ötesinde nasıl görüldüğünden bahsetmek istiyorum.

Evvela, herkesin söylediğini söyleyerek başlamak istiyorum: Dost düşman bu dâhi insana hayran. Lenin, Hitler defalarca hayranlığını dile getirmiş. Düşmanı Lloyd George hayran, Amerikalılar hayran. *Time* dergisi kendisini kapak yapıyor. Kapakta şöyle yazar: "Kendi efendisi olan bir Türk var mı?" O zamana kadar yok çünkü. Atatürk ile beraber herkes kendi efendisi oldu Türkiye'de. Bunu milletine armağan edebilmiş bir insan Atatürk.

Ben burada şahsi bazı hikayelerimi anlatmak, kendi tecrübelerimi paylaşmak istiyorum. 2005 senesinde College de France'da profesördüm ve oraya gitmeden evvel Hava Kuvvetleri Komutanlarımızdan Sayın emekli Orgeneral İbrahim Fırtına ile konuşurken bir gün bana, "Bizim bu Havacılık ve Uzay Enstitüsü'nün geliştirilmesi için senden fikir almak isterim" demişti. Bu enstitü Hava Harp Okulu'nda, 23. Hava Kuvvetleri Komutanı Orgeneral Ergin Celasin Paşa tarafından kurulmuştu. Ben de "Arz edeyim Komutanım" dedim. Enstitünün başlarındayız, kurulalı henüz bir iki sene olmuş. Şöyle bir fikir ortaya attım: Bu enstitünün belli ana bilim dalları var. Bu ana bilim dallarına temsil ettikleri uzmanlık dallarının dünyadaki en büyük temsilcilerini davet edelim, enstitüyü görsünler, seminerler versinler, sonra enstitüdekilerle, hem öğrencilerle hem hocalarla görüşsünler."

"Çok iyi bir fikir, nereden başlayalım" diye sordu Komutan. "Komutanım, bu ana bilim dalları içerisinde uçak mühendisliği var, dünyanın en büyük uçak mühendisi olarak addedilen adam benim çok yakın arkadaşım, Alman Prof. Hans Hornung, fakat

Caltech'de profesör, ben de kendisini burada tanımıştım, ardından ahbap olduk. Kendisini davet edebilirim" dedim.

"Ne iyi olur, derhal kendisini davet edelim" dedi. Hava Kuvvetleri bunu organize etti, bunlar organize edilirken ben Paris'e gittim. Paris'te bir gün telefonum çaldı. Hava Harp Okulu Komutanı Tümgeneral Sayın Şevket Dingiloğlu, ki kendisi korgenerallikten sonra emekli oldu. Dingiloğlu Generalim dedi ki "Celal, Hornung geliyor, Fırtına Generalin emri var, Hornung burdayken kendisinin mihmandarlığını senin yapmanı istiyor", "Emredersiniz komutanım" dedim. Hemen College de France'a "İki haftalığına Türkiye'ye dönmem lazım" dedim. "Hayrola" dediler. "Hava Kuvvetleri'nden emir var, dönmem lazım" dedim.

Önce Türk Hava Kuvvetleri ve benim aramdaki ilişkiyi pek anlayamadılar. Anlattım kendilerine, sonra hemen Türkiye'ye geldim. Prof. Hornung'un Türkiye programını yaptık. Sonrasında Dingiloğlu Generalimin ikazı üzerine profesörün programında iki de boş gün bıraktık kendisine.

Sefer Kurnaz Albayım, ben ve Sena Teğmen kendisini karşılamaya gitmiştik. Şeref salonunda uçağının inmesini bekliyorduk. Sonra Hornung geldi, hanımı yanında. "Merhaba? Nasılsınız? İyi misiniz? Hoşgeldiniz" faslından sonra "Yarın okulu mu tanımak istersiniz, yoksa dinlenmeyi mi tercih edersiniz, iki boş gününüz var" dedik. Hornung "Yarını boş tutalım, ben Çanakkale'yi görmek istiyorum, şehitliğe götürün beni lütfen" dedi. "Tamam" dedik.

Sefer Albay, "Dingiloğlu Generalime arz edelim, yarın komutanla tanıştıktan sonra sen onları Çanakkale'ye götür" dedi, "Emredersiniz Komutanım" dedim. Ertesi gün Çanakkale'ye gittik. Çanakkale'de Orman Bakanlığı bir tanıtım yeri yapmış, Milli Park olduğundan. Oraya girdik, adam baktı bir sürü harp fotoğrafı var fakat Atatürk'ün fotoğrafı yok. Sadece bir fotoğrafta "Türk komutanları" diyor, Esat Paşa var, o da anneannemin kuzeni, Atatürk'ün komutanı, onun yanında da Atatürk, ama Atatürk adı yok ortada. Alman fena halde hiddetlendi bu duruma. "Bu ne rezillik!" dedi, "Atatürk niye yok burada?"

Uzun uzun izah etmek zorunda kaldım. Türkiye'de bazı değişiklikler oldu vs. diye ama adamı kolay kolay yatıştıramadık.

Dönüş yolunda daha önce Amerika'da anlatmış olduğu bir hikayeyi yeniden anlattı. "Biliyorsun, ben Filistin'e yerleşmiş bir Alman ailenin çocuğuyum. "

19. Yüzyıl'da bir grup Hristiyan, kendi dinlerinin köklerine inerek o günleri yeniden yaşamak istiyor ve bunu yapmanın yolunu da Filistin'e gitmekte görüyorlar. Filistin'e gitmek için de Osmanlı'dan izin almak gerekiyor. Sultan II. Abdülhamit'e başvuruyorlar ve o dönem padişah bunlara bir yer gösteriyor, Hayfa civarında. Buraya yerleşiyorlar. Alman oldukları için çalışkan adamlar, kısa zamanda burada birtakım işletmeler, fabrikalar kuruluyor, çalışmaya başlıyorlar; fakat Alman tebası olarak kalıyorlar. Birinci Dünya Harbi çıkınca Alman hükumeti bunlara "Biz savaşa girdik, Türkler de bizim müttefikimiz, fabrikalarınızı değiştirin, dönüştürün Türklere silah ve mühimmat sağlayacak hale getirin" diyorlar, onlar da "Peki" diyorlar.

Hornung'un dedesi de oradaki cemiyetin ileri gelenlerinden, onların da fabrikaları var, onlar da fabrikalarını dönüştürüyor, askeri amaçlar için üretim yapmaya başlıyorlar. Bir gün Mareşal Liman von Sanders yanında bir tuğgeneral ile buraları ziyarete geliyor. Bizim adamın dedesinin evinde oturuluyor, yemek yeniyor. Liman von Sanders'in yanındaki genç ve yakışıklı tuğgeneral de Mustafa Kemal Paşa. O zaman ailenin dikkatini çekiyor, "Ne kadar akıllı bir adam" diyorlar. Liman von Sanders uzun uzun anlatıyor, "Bu çok müthiş bir insandır, Çanakkale'de çok iyi işler yaptı, Çanakkale zaferinin kazanılmasında çok büyük payı vardır vs."

Sonra savaş bitiyor, Kurtuluş Savaşı başlıyor. Aile Mustafa Kemal Paşa'nın bu savaşa önderlik ettiğini işitiyor ve heyecanla savaşı takip ediyor. Nihayet savaş bitiyor, barış dönemi başlıyor. Hornung'un annesi de Güney Almanya'daki akrabalarını ziyarete gidiyor belirli aralıklarla. Trenle gidiyor tabii, tren de Türkiye'den geçiyor. Kadıncağız her geçişinde Türkiye'yi birkaç yüzyıl ilerlemiş buluyor. "Bunların hepsi Mustafa Kemal Paşa'nın eseri" diyor. "Bunları başaran bize gelen o genç adam mı?" diye de sormaktan alıkoyamıyor kendini.

Hornung devam ediyor: "Bizim ailede Atatürk'e karşı inanılmaz büyük bir sevgi ve saygı vardı, çünkü annem ve bu dönüşüme, bu ilerlemeye şahit olan diğer akrabalar da hep anlatırlardı, 'Bir değil, birkaç yüzyıl atlattı Türkiye'ye. Müthiş modern bir dünya yarattı. Çökmüş, Ortaçağ kalıntısı, adeta taş devrinde yaşayan bir halkı aldı, modern bir dünyanın ortasına koydu' derlerdi. Büyük bir hayranlık vardı."

Tabii Hornung bunu bildiği için, gençliğinde de Türkiye'ye gelmiş, Atatürk hayranlığını da biliyor Türk halkının, Ordunun hayranlığını, saygısını, sevgisini biliyor, Çanakale'de Atatürk'ün resmini görmeyince bu durum adamı derinden yaralıyor. Düşünün ki bu adam Alman ve Amerika'da yaşıyor. Sonra İstanbul'a döndük. O gece ben de Harp Okulu'nda kaldım. Hornung sabah Dingiloğlu General ile kahvaltı ederken ilk sorduğu soru "Atatürk'ün fotoğrafı neden yok Çanakkale'de"ydi.

Bu anlattığım Mustafa Kemal'in bir aile üzerindeki etkisi. Bir diğer aile de Liepmann'ın ailesi. Misafir profesör olarak Caltech'de olduğum zamanlar, bizim bölüm baş sekreterinin kocası Avusturyalı, dolayısıyla Pasadena'da bir Almanca konuşanlar grubu var. Kaçınılmaz olarak bizim baş sekreter de profesör Liepmann'ı iyi tanıyor. Bir gün odama geldi ve "Celal, Profesör Wolfgang Liepmann seni tanımak istiyor" dedi. "Sorar mısın, Wilhelm Liepmann'ın nesi oluyor" dedim, "Hemen arayalım" dedi, telefon etti, "Oğluymuş" dedi.

Wilhelm Liepmann'ın kim olduğunu daha önce anlatmıştım. Türkiye'de jinekolojinin kurucusu. Bir gün sahaflarda dolaşırken Üniversite Konferansları 1936 başlıklı bir kitapta "İhtiyozorlarda Doğum Vetiresi" isimli bir makalesini görmüştüm. İhtiyozorlar, balık şeklinde yüzen sürüngenler. Sürüngenler yumurtlarlar, bu böyle bilinir. Liepmann bunların canlı doğurduğunu tespit ediyor. Denizde yumurtlayamadığı için, köpekbalıkları gibi, canlı doğuruyor, canlı hayvan doğururken fosilleşiyor.

Sonra aile dostumuz Profesör Orhan Esen, kendisi de jinekologtu, ona Prof. Liepmann kim diye sorunca, "Aaa, o bizim pirimiz" dedi ve hikayesini anlattı Wilhelm Liepmann'ın. Wolfgang Liepmann beni çağırınca, 2000 senesiydi, "Sen Atatürk'ün ülkesinden geliyorsun" dedi, "Evet" dedim. "Ben Türkiye'yi çok severim, Türkleri çok severim, çünkü Türkiye, aslında Atatürk, bizim hayatımızı kurtardı" dedi.

Hatıralarında yazdıklarını tekrar anlattı: "Her ailenin bir çatallanma anı vardır, bizimki de Çanakkale'dir, çünkü Çanakkale Mustafa Kemal'i yarattı, Mustafa Kemal de bizi kurtardı. Ben Türkiye'nin nasıl modernize olduğunu yaşadım, gözlerimle gördüm. Atatürk'e hayranlığım, sevgim sonsuz ve onun için de seni çok tanımak istedim. Sen genç bir Türksün. Sen nasıl görüyorsun?" dedi. "Ben buradaysam, Mustafa Kemal'in sayesinde buradayım. Modern bilim yapılıyor, ben bir bilim adamı oldum, Mustafa Kemal sayesinde oldum. Jules Verne'nin eserlerini okuyarak jeolojiye merak saldım, tercüme eden Ferit Namık Hansoy. Çocukluğumda okuduğum kitapların neredeyse tamamı Cumhuriyet döneminde tercüme edilen kitaplardı. Güzel ansiklopediler okudum. Bütün bunlar onun kurduğu sistemin meyveleri. Ailem zengin olduysa onun sayesindedir, çünkü sanayi kuruldu ülkede vs. Hayırlı ne iş varsa Türkiye'de bu adam yaptı." dedim.

"Ben de sizinle aynı fikirdeyim, fakat Türkiye'de kötü hareketler oluyor, taa eskiden beri bunları duyuyoruz" dedi. Yine düşünün ki, bunu 2000 senesinde söyledi. "Herr Liepmann, maalesef demokrasi bize yaramadı" dedim. Güldü, "Almanya'ya da yaramamıştı. Hitler'in gelmesiyle neler oldu, hepimiz biliyoruz. Buna rağmen siz gençler mücadele etmelisiniz, çünkü Atatürk'ün size çizdiği yol akıl yolu, bundan ayrılmak yalnız sizin için değil, her ülke için felakettir. Evet, Atatürk de diktatördü ama bir fark var. Bir diktatör geldi, hepimiz vatanımızdan kaçmak zorunda kaldık, diğer diktatöre koştuk. O kucağını açtı bize ve Türkiye nasıl bir değişim geçirdi biliyorsun" dedi.

Atatürk'e bakış açışı böyle yurt dışında. Ortaçağ kalıntısı bir devleti ve taş devrinde yaşayan bir halkı alıyor, birden bire modern bir dünyanın içine getiriyor ve bunu on beş senede yapıyor. Bunun nasıl olduğunu hâlâ anlamıyor bazı insanlar. Sonsuz bir hayranlık var kendisine. Dünyadaki bütün diktatörleri yanyana diz, hepsi bir tarafta durur, hepsinin birçok tenkit edilecek tarafı vardır, bazıları sırf cani olarak bilinir, bir tarafta da Atatürk tek başına durur; herkesin hayranlık duyduğu bir adam. Büyük ve onurlu bir tarih yazan adamların kategorisinde durur Atatürk. Biz maalesef bunu anlayamadık. Çünkü Atatürk bize özgürlüğümüzü, modernliğimizi hediye etti, bilgilerimizi hediye etti. Biz bunların hiçbirisini zorla kazanmadık. Kurtuluş Savaşı'nı büyük imkansızlıklar ve zorluklar içinde kazandık, bu sebeple yakın zamana kadar ordumuzun kıymetini biliyorduk, yobazlar onu tahrip edene kadar. Aptallığımız yüzünden onun tahrip edilmesine de izin verdik. Ben hâlâ tahrip edilmemiş olduğunu ümit ediyorum...

Atatürk hâlâ önemli mi bizim için? Çok önemli. Çünkü Atatürk adını sil, yerine akıl yaz, akılsız hiçbir şey yapamazsın, aklın olmadan atacağın her adım seni felakete götürür. Aklının seni iyiye götüreceğinin garantisi yoktur, ama orada adam gibi bir şey yapma ümidin, aklını paranteze alarak yaptığından çok daha fazladır. Atatürk, bunun için önemlidir. Atatürk bize aklın neler yapabileceğini göstermiştir. Bunun mümkün olduğunu göstermiştir; ama "Ben böyle diyorum, böyle yapın" dememiştir. Bilakis, "Ben hiçbir şey söylemiyorum" demiştir.

Biliyor musunuz, Atatürk'ün bütün yazdıkları, yaptıklarından sonradır, "Onu yapacağım, bunu yapacağım" dememiştir. Marx gibi kahinlik etmemiştir. Hitler gibi niyetlerini ortaya döken kitaplar yazmamıştır. Bütün yazdıkları, yapacaklarını yapıp işini bitirdikten sonra verdiği hesaptan ibarettir. Atatürk bugün önemli mi, Atatürk bugün ilgili mi bizimle, yani Atatürk'ü düşünmek zorunda mıyız? Tekrar ediyorum, Atatürk adını sil, yerine akıl yaz ve bu soruyu tekrar sor. Akıl önemli mi bizim için, aklımızı kullanmak zorunda mıyız? Buna verilecek cevap neyse, Atatürk'ün bugün bizimle ilgili olup olmadığı, onun adını hatırlayıp hatırlamamamız, onun yaptıklarından ders alıp almamamız gerektiği ortaya çıkacaktır. Kendisinin de söylediği budur.

Peki Atatürk hata yapmadı mı? Çok. Bir tane de değil, pek çoğundan döndü, kendi keşfettiklerinden döndü, belki dönemedikleri de vardır ama bu bir insanın kötü niyetini göstermez. Aksine, farkedip döndüğü hatalar onun iyi niyetinin en açık işaretidir.

Hataları var dedik Atatürk'ün. Kendisinden sonra yerine kimin geçmesini istediğini sorduklarında "hiç kimseyi" demiş. Bu çok önemli ve üzerinde düşünülmesi gereken bir cevap. Sonra, İzmir Suikastı teşebbüsünün ardından tasfiye edilen bazı

İzmir'deki suikast teşebbüsünden hemen sonra, 16 Haziran 1926'da İzmir'e gelen ve törenle karşılanan Atatürk.

arkadaşları var. Ayıcı Arif mesela. Gerekli miydi bu adamların katli, bilemiyorum. Yüz ellilikler mesela... Bir Adnan Adıvar'ı yurtdışına çıkarmak gerekli miydi? Her ne kadar kendi gittiyse de, kendini emniyette hissetmediği için gitti. Adnan Adıvar gibi bir adama bir emniyet hissi vermemek doğru muydu?

Bunlar o günkü şartların gereği mi, bilmiyoruz. Adnan Adıvar'la aralarında ne geçti bilmiyoruz. Atatürk bir tehdit olarak mı gördü Adıvar'ı, hiç zannetmiyorum zira öyle bir adam değildi. Zeki Velidi'nin gitmesi şart mıydı? Ahmet Refik Altınay'ın tarih profesörlüğünden kovulması şart mıydı? Bunlar küçük şeyler gibi görünüyor ama belki de göründüğü kadar da küçük değiller. Her ihtilal kendi çocuklarını yer ya, bu olaylara da böyle mi bakmalıyız, bilemiyorum. Ama tüm bu saydıklarımı ben Atatürk'ün hata defterine yazmışımdır. Bunları yapmasaydı iyi olurdu ama kendisi yok ki karşımızda neden yaptın diye soralım. Karşında muhteşem bir adam var, yakıştıramıyorsun yaptıklarını, fakat bu nihayet bir insan. Bertrand Russell'in bir sözü var: "Büyük bir adamın eserini incelediğiniz zaman, incelemenizin sebebi adamın zeki olmasıdır. Ama hiçbir zeki adam her şeyi bilemez. Eğer zeki bir adam yanlış bir iş yapmışsa mutlaka 'o iş muhakkak doğru olmalıdır' diye düşünmekten ziyade o anda, ona o niye doğru göründü, onun peşine düşmek lazım..."

Atatürk'e bu gözle yaklaşan henüz olmadı. İlk defa bir bilim felsefecisi olarak ben Atatürk'ün metodolojisini inceledim ve çok çarpıcı neticeler elde ettim. Doğa bilimlerindekine benziyor ama diğer açılardan da Atatürk'ü incelemek lazım. Atatürk'ün psikolojisini incelemek lazım. Bunun için çok detaylı çalışmak lazım Atatürk'ü. Çevresini çok iyi bilmek lazım, okullarını çok iyi tanımak lazım, hocalarını çok iyi tanımak lazım, gittiği toplumların onun üzerinde bıraktığı etkileri öğrenmek lazım. Beyrut'ta nelerle karşılaştı, orası onu nasıl etkiledi. Libya'da neler oldu? Güneydoğu Anadolu'nun üzerinde nasıl bir etkisi var? Paris'te neler gördü?

Mesela, genç bir subayken Paris'e gidiyor, manevralara... Orada bir tayyareye binmek istiyor, beraber gittiği komutanlardan biri elini tutuyor, "Kemal" diyor "Bilmediğin aş karın ağrıtır, otur oturduğun yerde." Atatürk'ün binmek istediği tayyare düşüyor ve içindekiler ölüyor. Mesela Atatürk bu olaydan sonra hayatı boyunca hiç tayyareye binmemiştir. Hava Kuvvetleri'ne bu kadar önem veren adam hiç tayyareye binmemiştir. Sonra, Büyük Taarruz başlayacak, "Halide Edip'i getirin" dıyor. Batıl inanç. Halide olursa garanti kazanırız harbi düşüncesinde. Sakarya'dan beri aklına işlemiş böyle bir şeyi. Bu kadar zeki, bu kadar akılcı bir adamın da bâtıl inançları olduğunu keşfediveriyorsun; ona yakıştıramıyorsun. Ama var işte, o da insan.

Atatürk'ün bize mirası "aklını kullan" tavsiyesidir. Ona bugün ihtiyacımız var mı sorusunun cevabı da "Atatürk'ü sil, yerine akıl yaz, sonra bu soruyu tekrar sor"dur, dediğim gibi. Ama Atatürk'ün şahsı akıl değildir. Akıl bizim kafamızın içindedir. Onun aklını kullanamayız, zira o akıl artık yoktur, bedeniyle beraber yok olmuştur. O çok akıllı, müthiş zeki, çok bilgili bir insandı. Ama nihayet insandı. Tanrılık, peygamberlik, yanılmaz

Oya Şengör'ün büyük amcası Recep Zühtü Soyak'ın objektifinden Atatürk önderlik, değişmez komenderlik taslayanlardan hiç olmadı. Her insan gibi iyi meziyetlerinin yanında keşke olmasaydı dediği, dediğimiz yanları da vardı ve her insan gibi sonunda öldü. Ne yazık ki erken öldü. Erken ölümünün bir sebebi de yaramaz çocuk gibi davranmasıydı. "Kaç paket sigara içiyorsunuz ekselans?" diye soran Fransız doktora "Üç paket" diye cevap vermişti. Doktor da bunu tek pakete indirmesini söyleyip gittikten sonra Salih Bozok, "Ama Paşam siz zaten bir paket içiyorsunuz her gün" demekten kendini alamamıştı. Atatürk hınzır hınzır gülerek "Enayi miyim ben Salih?" diye cevap vermişti. "Bir paket içiyorum desem, herif üçte bir pakete indir diyecekti." İşimiz Atatürk'ün yaptıklarını ezberlemek değil, onun akılcılığından öğrenmek, yaramazlıklarına da gülüp geçmektir, zira artık onları değiştirmek için çok geçtir.